縄文人の死生観

山田康弘

角川文庫
21009

まえがき——墓を研究するということ

初対面の人と出会ったとき、自分の職業が考古学者であると言うと、

「お墓を発掘したりするんですか？　気味が悪くありませんか？」

と訊《き》かれることがある。

また、私が研究で墓や人骨を取り扱っていると言うと、

「祟《たた》られたりしませんか？」

と冗談半分に、ときにはかなりまじめに言われることがある。

どうやら世間一般では、考古学者と墓とは、ネガティブな意味で切っても切り離せないイメージがあるらしい。ましてや墓を専門に研究し、人骨を取り扱うとなると、これはかなり「ヤバイ人」だと思われるようだ。

私はこれまでに数百体の人骨を発掘し、これまた一〇〇〇体を超える人骨を調査したが、一度人骨に祟《たた》られて怖い思いをしたという経験を、残念ながらしたことはない。むしろ、そういう目にあって、それをもとに論文を書いてみたいとさえ思っている。私にいわせれ

ば、何千年前の人骨よりも、いま生きている人の方が怖い。人骨は人を嫉《ねた》まないし、悪口も言わない。

たしかに、一般普通の生活をしている方々からみれば、墓を調査し、それを研究する人間は、「かなりの変わり者」にみえるらしい。私自身、自分が変わり者であることは否定しない。しかし、なかには「考古学＝墓暴き」とエキセントリックにとらえる人もいて、実際に正面切ってそう言われたこともあるし、ときには手紙で（多くの場合は匿名なのだが）「あなたの研究は死者を冒瀆《ぼうとく》するものだ」と強く抗議される方もいる。インターネットの匿名掲示板などでも「考古学＝墓暴き」というスレッドが立てられていたりする。墓暴きのほかにも、偏屈、浮世離れ、冒険、宝探しなど、インディ・ジョーンズやMASTERキートンをはじめとする各種のメディアが作り上げた考古学者に対するこのようなネガティブなイメージは、かなり根深いものがあるようだ。

匿名のお便りは無視するとしても、公的な場でそのような発言があった場合、なぜ考古学では墓を調査するのか、またなぜ人類学では人骨を調べるのか、その意義について私は次のような説明をすることにしている。必ずしも誤解が解けるとは限らないが、これまでのところ、おおよそ八割の人はそういうことなのですかと、納得をしてくれる。大学の試験もそうだが、八割方得点を採れれば、まずは及第だろう。

考古学において、昔の人の墓くらいさまざまな情報を得ることができる資料はないと、私は考えている。墓には埋葬された人の生前における多様な側面が表現されている。たとえば現代の場合、社会的な地位が高く、資産家であった人の墓は、そうでない人の墓よりも概して大きく、墓石は良い石材を用いている場合が多い。墓地区画の面積も大きいだろうし、場合によっては墓地のなかでもとりわけ日当たりや見晴らしの良い場所に墓が造られているかもしれない。形にしてもそうだ。そのような墓はほかの人々のそれよりも豪華、壮麗に造られていることもある。このような事例としては、日本各地に残されている大名家や豪農の墓、地方の名家の墓などをみるとわかりやすい。つまり墓の規模や大きさ、形、場所といったものは、埋葬された人の生前の社会的な位置付けを表現しているということができるのだ。そればかりではなく、埋葬されていた人（被葬者）が生前帰属していた家族・一族などの社会集団がどのようなものであったのか、そのあり方すら表す場合もあるといえる。

また、その人が生前信仰していた宗教や、あるいは帰属していた社会集団ごとの習俗などによって、墓の形状や戒名、遺体の取り扱い方、さらには死装束や副葬品などが異なる場合もある。この場合、墓、そしてそれをつくり営む制度である墓制には社会のあり方とともに精神文化のあり方が表現されているということができる。

このように、墓からは埋葬された人に関する生前の社会的地位や精神文化について、きわめて有益な情報を得ることができる。考古学者が墓をことさら重要視することには、それなりに理由が存在するのである。

また、人骨からは被葬者の生前の情報を直接的に得ることができる。たとえば、被葬者が男性であったのかそれとも女性であったのか、何歳位で亡くなったのかといったものから、場合によっては生前にどんな病気にかかっていたのか、死因はなんだったのか、どんなものを食べていたのか、栄養状態はどうだったのかという点まで知ることができるケースもある。それを細かく読み解くことによって、その人がどのような人生を送ったのか推測することも可能だ。

したがって、墓のあり方とそこから出土した人骨の両方を検討することによって、埋葬されていた人の個人的な情報を詳細に知ることができるばかりでなく、当時の社会や精神文化がどのようなものであったのかといった歴史学的な課題についても考察が可能となるのである。

ここまで説明すると、この問題は「なぜ歴史を学ぶ必要があるのか」という問いとリンクさせて考えることができる。私たちは、過去から現在にいたるまでの、これまでの来し方を調べることによってのみ、自分自身および自分たちの社会がどのように変化してきているのか、今現在どのようなあり方をしているのか知ることができる。そして、それは同時に、今後私たちがどのような方向へと行こうとしているのかという、私たちの未来を見通すことにもなるのだ。現代社会における様々な問題がなぜ起こっているのかを多角的に理解し、それを最善の方法で解決していくためには、私たちは歴史を学び、その基となる資料からできるだけ多くの情報を得る必要があるのだ。これでおわかりいただけただろうか。縄文時代に限らず、墓を研究し、人骨を調べるということは、私たちが今後どのように生きていくべきなのかという、非常に難しい、しかし極めて重要な問題について考えるということなのである。

このような前振りをしつつ、本書では縄文時代の墓とそこから出てきた人骨から、当時の人々の死生観や思想について検討し、それを現代日本と対比させながら、死のとらえ方というものがそこで生活する人々へどのような影響を及ぼすものなのか、考えてみることにしたい。

目次

プロローグ——発掘調査の現場から

中妻貝塚からの大発見

一九九二年の一一月半ば過ぎ、街にはクリスマスソングが鳴り出したころ、私は茨城県取手《とりで》市にある中妻《なかづま》貝塚の調査に参加していた。木枯らしの吹く寒い日々ではあったが、私の身体は異様な興奮でほてっていたことを、いまでも覚えている。

当時大学院生だった私は、日ごろから指導を受けていた元国立歴史民俗博物館の西本豊弘《にしもととよひろ》先生の紹介で、取手市教育委員会が実施している中妻貝塚の発掘調査に加わった。私が学部生時代から縄文時代の墓について研究を行っていたので、それを知っていた先生が声をかけてくださったのだった。そのときに西本先生はこう言われた。

「山田君のびっくりするようなものがでているよ」

「なんですか?」

「行ってみたらわかるよ」

西本先生の眼はいたずらっぽく笑っていた。

中妻貝塚は、取手市小文間《おもんま》にある福永寺《ふくえいじ》の境内およびその隣接地内に所在する。時代的には縄文時代後期（およそ四〇〇〇年ほど前）を中心とする貝塚である。その存在は古くから研究者には知られており、すでに一九一四年（なんと大正三年）には東京人類学会によって遠足会と称した小規模な発掘調査が行われている。また、一九二六年から一九二七年には大山史《おおやまし》前学《ぜんがく》研究所によって調査が行われるなど、これまでにも何回か発掘が行われている。

関東地方の貝塚からは縄文時代の人骨が出土することは珍しくはないので、中妻貝塚から人骨が発見されたとしても不思議ではない。実際に一九七二年および翌年の調査では、縄文時代の埋葬人骨が各一体ずつ、合計二体の人骨が発見されている。

「今回の調査でも人骨が出土したのだろうか。自分に声がかかるということは、そういうことなのだろう。だとすると屈葬人骨かな。何体分ぐらいあるんだろうか。びっくりするって言うんだから一体じゃないだろう。良い資料になるといいな」

西本先生の話を聞いた私は気楽にそう考えた。

参加初日、調査現場に立った私は自分の眼を疑った。そして「びっくりするよ」という西本先生の言葉が本当であったことを思い知った。

中妻貝塚から検出された多数合葬・複葬例[1]

調査区の一角に直径二メートルほどの穴（土坑《どこう》という）があいている。状況からみて、縄文時代の人々が掘ったものに違いない。これくらいの大きさの土坑ならば、関東地方の縄文時代の遺跡ではしばしば発見されるものであり、さほど驚くようなものではない。しかし、中妻貝塚の土坑が異様であったのは、その中に一〇〇体にもなろうかという数のおびただしい人骨が入れられていたからであった。驚き、「すごい、すごい」と興奮する私とは対照的に、調査担当者である取手市教育委員会の宮内《みやうち》良隆《よしたか》さんは、冷静にこの土坑のことを「A土壙《どこう》」と名付けた。土壙とは、墓穴のことである。時期は、周辺から出土した土器の型式により、後期の堀之内《ほりのうち》式期と判明した。

A土壙の人骨

A土壙に埋められていた多くの人骨は、長い年月が経過していたにもかかわらず保存状態が良好で、骨そのものの形をしっかりととどめていた。火山灰の影響を受けてその土壌が酸性に傾いている関東地方の場合、縄文時代の墓から出土する人骨は、骨に含まれるカルシウム分が溶解してしまい、ボロボロに腐食していることが多い。例外は貝塚から出土する人骨で、これは人骨の周辺にあった貝殻がカルシウムの供給源となり、結果的には骨を保護する役割を果たすからである。しかし、その関東地方の貝塚から出土した人骨も、愛知県の渥美《あつみ》半島にある貝塚から出土した人骨と比較すると保存状態は悪い。やはり貝塚直下に堆積している関東ローム層が骨の保存状態に大きな影響をあたえているのだろう。火山灰の堆積によってできたローム層は、一般の土壌に比べて酸性度が高く、骨に限らず有機質のモノの保存には適さない。旧石器時代の遺跡からは石器ばかりしか出土しないのは、このローム層の性質によるのである。

だが、ローム層中に掘りくぼめられたA土壙から出土した人骨は、その形を損なうことなく非常にきれいに残存していた。おそらく多量の人骨そのものがカルシウムの供給源となり、骨を腐食からまもっていたのであろう。

人骨のなかには、頭の骨（頭蓋《とうがい》）と顎《あご》の骨（下顎《かがく》）がバラバラになってしまっているものがあった。また、よく見ると脚の骨（大腿骨《だいたいこつ》、脛骨《けいこつ》）や腕の骨（上腕骨《じょうわんこつ》、尺骨《しゃっこつ》、橈骨《とうこつ》）だけがまとめられて土壙の中に置かれているところもあった（人骨各部位の名称は左図参照のこと）。このような状態のことを人類学では「解剖学的位置関係にない」とよび、一度どこかで骨化した遺体をもう一度埋葬し直す、再埋葬（複葬）が行われた証拠とされる。A土壙から発見された多量の人骨は再埋葬されたものであった。

関東地方の縄文時代の遺跡からは、ときとして、このように一つの土壙の中に複数の遺体が再埋葬されている「多数合葬・複葬例」が発見されることがある。実際にこのような墓を調査すると、あたかも人骨が寄せ集められているようにも思われるので、「人骨集積」とよぶ人もいる。ほとんどの事例が縄文時代後期の初頭から前葉にかけてのものである。通常、このような「多数合葬・複葬例」は多くても一〇体前後であり、今回の中妻貝塚のように一〇〇体にもなろうかという事例はこれまで確認されていない。まさに縄文時代の墓としては大発見であった。この墓を調査できると思うと気持ちが自然と高ぶった。

A土壙の中は土で埋まっているというよりも、人骨の間に土が入り込んでいるといったほうが良いくらい、骨が密集していた。私たちは、これらの人骨を一つ一つ丁寧に掘り出し、写真を撮り、実測図を描きながら取り上げていった。掘り出すといっても簡単な作業ではない。実際には、竹串《たけぐし》で骨の周りにある土をつついて砕き、その土を絵筆でスプーンの上に乗せ、さらにそのスプーン一杯の土を小さなチリトリに移して土壙の外に出すとい

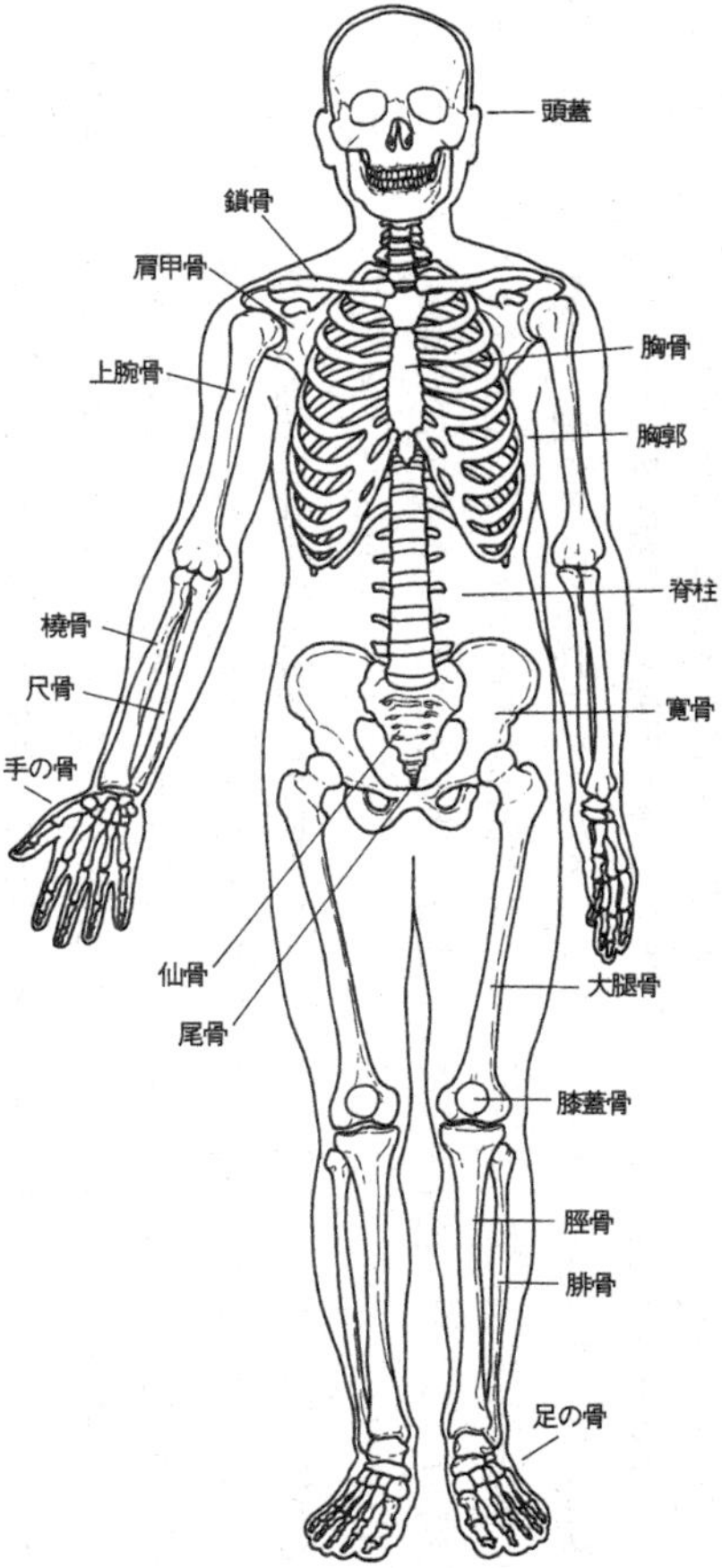

人体各骨の名称[2]

う作業を、それこそ何万回も繰り返しながら少しずつ掘り進めていくのである。こうして骨の全形を丁寧に掘り出しながら取り上げないと、骨が破損して後々の研究に支障をきたしてしまう。たとえば大腿骨の全長を測ることによって、その人の身長推定値を算出することができるが、そのためには計測を行う部位（計測点）がきちんと残存していなければならない。もし、発掘時に計測点を破壊してしまうと、そのために人骨から得られる情報量は格段に落ちてしまうのである。

調査をすすめるうちに奇妙なことがわかった。当初、人骨は頭や腕、脚といった各部位がすべてバラバラになっていると考えられたのだが、なかには肘《ひじ》や膝《ひざ》、あるいは背骨（脊《せき》椎《つい》）と腰の骨（寛骨《かんこつ》）、脚の骨（大腿骨）がまだくっついているものがあった。これは遺体から柔らかい肉の部分（軟部組織）が腐敗しきらない状態、あるいは骨と骨をつないでいる靭帯《じんたい》がまだ残っている状態で埋葬されたことを意味している。一方では、完全にバラバラとなってしまった人骨があり、他方では、まだ各部位がつながっている人骨がある。これは再埋葬を行った時点において、個々の遺体の腐敗状況が異なっていたということにほかならない。どうやら中妻貝塚A土壙は、伝染病などで一時にたくさん亡くなった人たちを一括して埋葬したのではなく、おのおの死亡時期の異なった人々を一か所に集めて再埋葬したものらしい。一度は埋葬した人々の墓を再び掘り返して、一か所に集めたのだろうか。その理由は一体なんだったのだろう。どうしたらその謎を解けるだろうか。A土壙の調査を続けながら、私はそんなことを考えていた。

A土壙の調査は困難をきわめた。これだけ人骨が土壙の中に詰め込まれていれば、土壙の中に入って発掘することはできない。下手に土壙の中に降りようとすると、保存状態の良い骨を壊してしまいかねないからだ。四〇〇〇年以上前の縄文人のものとはいえ、人の骨だ。粗末に扱うわけにはいかない。敬意をはらい、できる限り丁寧に掘り進めなければならない。

そこで土壙の上に長い板を二枚渡し、そこに寝ころんで、板の端に脚を架けて上半身を土壙の中に入れて土を掘るという、いわば逆さ吊《づ》りの状態で調査をすすめた。土壙の中に三〇分も身体を突っ込んでいると、血が頭に上り、ぼぅっとしてくる。そうすると、土壙の中に落ちないように脚の上に乗っていてくれた別の調査員と交代する。これを延々と繰り返す。ときにはその日予定していた作業が思うようにすすまず、日が暮れた後にも大型のサーチライトで土壙を照らして作業を続けたこともあった。夜間サーチライトに照らされた人骨群にはえもいわれぬ美しさがあり、思わず見とれてしまうことも一度や二度ではなかった。いまは白骨となっているこの人々は、数千年前にはたしかにここに生きていた。その目は一体何を見ていたのだろう。一体何を想っていたのだろう。「いかん、いかん、取り憑《つ》かれている」と何度も頭を振ったことを覚えている。ただ、不思議ないいかたかも知れないが、縄文時代の研究をしている者が、縄文人と一体化し、時間を共有しているかのような錯覚に陥ることはよくあることなのだ。そして、その時間は研究者にとって無上の喜びのときなのである。

夜間の調査中、トイレに行きたくなると福永寺の境内を通って、寺のトイレを借りた。その行き帰りには「××家の墓」と書かれたいくつもの現代のお墓の間を通っていくのだが、お墓から誰かが呼んでいそうな感じがして、やたらと怖かったことを覚えている。その墓地の目の前で多量の人骨を掘り出しているのに、である。縄文人の骨より、いまのお墓の方が怖い。おかしいような、妙な心持ちであった。

調査期間中、私はA土壙の調査に没頭した。夢の中にも人骨が出てきたほどである。夢の中で、私はA土壙の中で人骨の周囲の土を取り除いている。手に持った竹べらを、私が誤って人骨に突き刺してしまい、人骨が壊れて内部にあるスポンジ状の海綿組織が見える。しまった、と思うと目が覚める。こんな夢を何回もみた。まさにこの時期、寝ても覚めても人骨に取り憑かれていたといっていいだろう。パンやケーキのようなスポンジ状の食べ物のほか、大好きなフライドチキンや豚骨ラーメンすら、骨を連想するというので食べるのを避けていたような気がする。いまから思うと、大変おかしな験かつぎだが。

研究者として生きる決心

A土壙から出土した人骨は、頭蓋だけで九六体分にもおよんだ。縄文時代の一つの墓からみつかった人骨の数としてはおそらく最高だろう。最後の人骨を取り上げたあと、A土壙の底を精査した。すると土壙の底面、壁際にそって直径五センチほどの柱のようなものを立てた痕《あと》がいくつかみつかった。どうやらこの土壙にはなにか上部構造があったらしい。墓標だろうか、それとも屋根がついた祠《ほこら》のようなものであろうか。いずれにせよ、当時の墓としては、きわめて特殊なものであったことには間違いない。

一段落した調査現場で、私は温かい缶コーヒーを飲みながら考えた。誰が一体なんのためにこんな墓を作ったのだろうか。なんで中妻貝塚に作られたのか。これだけの人骨はどこから運ばれてきたのか。以前より浮かんでは消えしていた謎が、頭の中をぐるぐる巡る。何とかしてこの謎を解きたい、解けないまでも自分が納得できるような解釈をしてみたい。そのためには縄文時代の墓についてさまざまなことを勉強しなくてはならない。また、人骨についても一通りの知識が必要となるだろう。考古学と人類学の二つの分野をそれなりに勉強してから取りかからなくてはならないとすると、まとまった答えを出すまでにはかなり時間がかかるにちがいない。五年、いや一〇年は必要だろうか。自分の人生のかなりの部分をこの仕事に費やすことになる。ならば、いっそのことこれからの人生を、墓を専門とする研究者として生きてみよう。そう考えた。私のライフワークが決まった一瞬だった。

私が大学院に進学した一九九〇年前後は、バブルの風が吹き荒れた時期だ。空前の人手不足で、とにかく就職は学生側の売り手市場だった。就職活動が解禁となる初夏になると、大きな段ボール何箱分もの会社案内が自宅のアパートに送られてくる。秋には同じ大学四年生の友人たちが七つも八つも就職の内定を取り付けてくる。会社説明会のお土産として、バランタインの一七年ものなど、当時はまだ高価なスコッチ・ウイスキーをもらってくる者もおり、よくご相伴にあずかった。なかには、会社説明会をハワイで行い、旅費はすべて会社持ちという豪儀なところまであった。そのような世相のなか、あえて大学院に進学する者など、当時は正直、バカ呼ばわりされたものだ。それが、いまではバブル期の就職者がリストラ対象者となっていると聞く。まったく、世の中、何が起こるかわからないものだ。

さてその後、発掘調査で取り上げた人骨はいったん国立歴史民俗博物館に運び込まれ、ここで整理された。中妻貝塚の人骨は当時国立科学博物館にいらした松村博文《まつむらひろふみ》氏（現札幌医科大学）によって調査研究が行われ、さまざまな興味深い成果が提示された。考古学的な研究成果、および人類学的な研究成果は一九九五年に『茨城県取手市中妻貝塚発掘調査報告書』という形で公開されているし、日本考古学協会や日本人類学会といった学会でも数度にわたり研究発表が行われている。その検討結果を踏まえつつ、私は中妻貝塚をはじめとする多数合葬例がどのような理由で行われたのか、自分なりの解釈を行い、これを当時私の指導教官であった元国立歴史民俗博物館の春成秀爾《はるなりひでじ》先生のゼミで発表した。先生はつたない私の解釈を好意的にみて下さり、これを学術雑誌に研究論文として発表することができた（注1）。また就職した後、これまでにも縄文時代の墓制についていくつかの研究を行い、論文を発表することもできた。まさに中妻貝塚での一冬の経験が私の研究者人生を決めたといっても過言ではない。

この道に入ってから、私は縄文時代の墓を専門とし、研究を続けてきた。そして、数多くの縄文人と対面し、彼らの人生の復元を試みてきた。彼らのなかには生前に障害をもって生きていた人もいれば、残念ながら事故で亡くなった人もいた。また、残された人々の悲しみを想像し、私自身やり切れない思いをしたこともあった。

次章以降では、私がこれまでに発表してきた研究のなかから、いくつかのエッセンスを取り出して、考古学と人類学の視点から、縄文時代の墓を分析し、縄文人がどのような墓をつくり、そこに何を表現したのか、どのような人生を送ったのか、どのような死生観を持っていたのかなどを、読者のみなさんにお伝えしたいと思う。ただ、これらの研究成果を説明するためには、考古学および人類学に関して少々専門的な知識が必要となる。現在では人骨そのものや、遺跡から出土した人骨の調査方法などに関するすぐれた解説書も刊行されている（注2）。文中できるだけ骨の名称などについては順次解説をしていくが、さらなる知識を得たい方は、これらの解説書を一読されることをお勧めする。

さて、まずは縄文人の世界に飛び込んでみよう。

第一章　縄文時代の墓とその分析

墓とはなにか？

考古学では、死者の遺体が納められる諸々《もろもろ》の施設および場所のことを墓とよぶ。そして、この墓をつくり、営む制度のことを墓制という。墓制は一定の制度としてとらえられるものなので、考古学的な一定の反復的パターンとして認識することが可能である。また、遺体、場合によっては人骨のみを墓に安置することを埋葬という。埋葬の仕方のことを葬法とよび、これには墓の作り方と遺体そのものを処理する方法という二つの不即不離の概念が包摂される。たとえば、土中に遺体ないし人骨を埋納する土葬、遺体を火で加熱し骨化させる火葬、岩陰や洞窟《どうくつ》などに遺体をさらして骨化させる風葬など遺体処理のプロセスはもちろんのこと、遺体を切断する、不自然な埋葬姿勢をとらせる、遺体のまわりを土器で囲む、遺体に石をのせる、遺体の頭に土器を被《かぶ》せるなどといったことのほか、合葬する、墓の上部や周囲に石を置く、木柱を立てるといったことも、葬法としてとらえることができる。

葬法とは文字通り、埋葬のされ方、および方法を指し示す言葉であり、これは必ずしも制度化されたものでなくともよい。極端な話、個別の墓ごとに葬法は異なっていても構わない。また逆に、同じ葬法が複数の墓において確認されるのであれば、それは一定のパターンとして認識することができ、墓制としてとらえることも可能となる。

墓制とよく似た言葉に葬制がある。葬制とは死および死者、残された人々などをめぐる儀礼や習俗全体を指し示す言葉であり、死の予兆から死後の弔い上げにいたるまでの一定の期間にまたがる、一連の制度のことである。したがって、その範疇《はんちゅう》は墓制よりも時間的に長く、事象的にも広範囲のものを包摂することになる。たとえば、現代でいえば葬式や三回忌の法事、お盆などの反復的な記念行事、死に関するタブーなども葬制に含まれることになる。

考古学者はこのような概念を用いながら、縄文時代における墓制や葬法、墓の研究を行うのである。

縄文時代の墓

縄文時代の墓の多くは土坑墓《どこうぼ》とよばれる、地面に直接穴を掘り、そこに遺体を埋めるシンプルなものだ。おそらく多くの墓は、墓穴（土壙《どこう》）の真上の部分、地上に盛土（土《ど》まんじゅう）をした程度のものだったと考えられている。ときどき、この盛土の部分に石を置いたりしている事例や、なかには木製の墓標のようなものを立てていた痕《あと》がみつかるもの、あるいは棺《ひつぎ》の部分に板石を用いた事例が発見されたりするが、そのような墓は全体の発見例からみればごく少数である。

縄文時代の墓には非常にシンプルなものが多いので、何千年も経過した現在では、それが墓であったのかどうか、見分けることは大変むずかしい。ましてや、長い年月のうちに、墓に埋葬された遺体は腐敗し消滅してしまっていることがほとんどなので、考古学者は結果的に地面に掘りくぼめられた穴から、その用途を推定する以外にない。通常、考古学者が墓を認定する場合には、その土坑の形状や大きさを判断材料にする。楕円《だえん》形をしていて、人が一人うずくまった姿勢で横に寝ることができるくらいの大きさの土坑であれば、まずそれを墓と思って検討する必要がある。私がかつて検討した結果によれば、手足を強く曲げる、いわゆる屈葬例の場合では、大人の男性で最大が一メートル半ほど、最小が六五センチほどで、平均が一・一メートルほどであった（注3）。ところが、縄文人の埋葬姿勢はすべてがきっちりと手足を強く屈曲させた典型的な屈葬ばかりとは限らない。特に、股《こ》関節《かんせつ》の屈曲度合は時期や地域によっても異なることがわかっている。また、手足を伸ばした伸展葬の場合、土壙の大きさは最大で一・八メートルほどにもなる。そのことを考え合わせた場合、楕円形で大体その長径が一・五メートルほどの土坑がみつかれば、それを墓

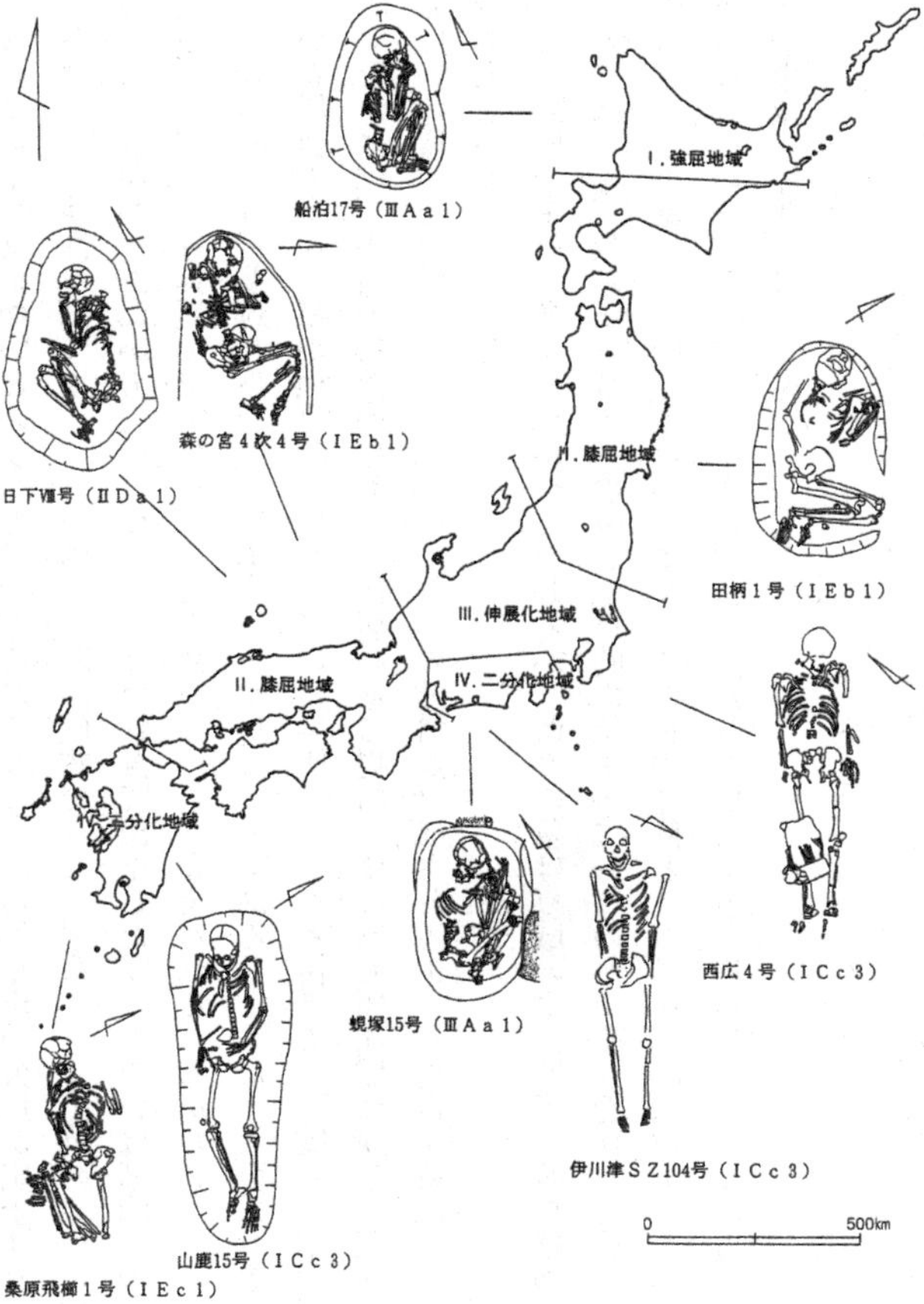

各地における埋葬姿勢の差[3]

と考えても差し支えないということができるだろう。中から骨や歯の欠片《かけら》が出土すれば、さらにその可能性は高くなる。骨や歯の痕跡《こんせき》が確認できない場合でも、土坑の中から完形の土器や石器が、あたかも置かれたかのような状況で出土したり、あるいは耳飾や腕飾、玉類といった装身具類が出土したりした場合には、墓と認定されることが多い。

これらの墓は、遺跡から一つだけ単独にみつかることもあるし、また、何百と群集化している場合もある。墓が地点的に集まっている場所のことを考古学では墓域とよぶ。研究者のなかには、当時の集落内において住居のある場所、すなわち居住域に対して墓が近接している場合を墓域とよび、墓だけで一つの遺跡が構成されるような場合を墓地とよび分ける人もいる。

この墓域の中には多くの墓がつくられるが、個々の墓は墓域の中に均等に散らばっているのではなく、数基から数十基の墓が地点的に集まって一つのかたまりをなしていることがほとんどである。このようなかたまりのことを埋葬群とよぶ。なかには数十基の墓からなる埋葬群の内部が、さらに小さな単位に分かれているような場合もある。この場合、小さな単位を埋葬小群とよぶ。

さまざまな埋葬属性

個々の墓を個別墓とよび、個別墓から得ることのできる情報を埋葬属性という。埋葬属性とは墓に意図的に付加された、あるいは持ち込まれた情報であり、これらは付加される契機によって分類が可能だ。また、人が生きているときに付加されたものと、死後に殯《もがり》などが行われているときに付加されたものや、遺体埋葬時に付加されたものとでは、それぞれ意味が異なった可能性がある。このような視点をとれば、考古学的に観察可能な埋葬属性は以下のように分類できる。

生前付加属性

被葬者が生きている間に付加された属性。通常、被葬者自身とそれ以外の他者の両方が認知をしている属性であり、視覚的なものが多い。大きく以下の二つに分類できる。

生前付加属性一類

身体に直接行い、不可逆的なもの。抜歯・頭蓋《とうがい》変形・文身（いれずみ）・傷身などの身体変工が中心となる。また年齢や性別をここに含める場合もある。

生前付加属性二類

脱着可能なものや可逆的なもの。装身具・化粧・ボディペインティングなどが挙げられる。

死後付加属性

被葬者が死亡してから後に付加された属性。以下の三つに分類できる。

死後付加属性一類

墓の構造そのものに付加されるもの（墓の位置、土壙の形態・規模・長軸方向、墓の上部構造、棺など）。

死後付加属性二類

遺体そのものに付加されるもの（埋葬姿勢、頭位方向、顔の向き、遺体破損など）。

死後付加属性三類

葬送儀礼のなかで付加されるもの（副葬品、土器被覆、抱石《だきいし》、装身具の一部、赤色顔料や剝片《はくへん》等の散布など）。

さらに、埋葬を行う側、残された人々からの視点によっても埋葬属性を分類することは可能である。これは、以下のように分類できるだろう。

可視属性

埋葬後、残された生きている人々が目にすることのできるもの。埋葬位置、上部構造、上部構造がある場合の頭位方向および土壙規模等。遺体に対して直接付加する属性ではないものが多い。

不可視属性

埋葬後、生きている人々が目にすることができないもの。

埋葬姿勢、装身具の着装、土壙内への副葬品、ベンガラ、貝小玉、石剝片、白砂等の散布、遺体を包むもの（棺や袋等）、遺体破損など。遺体に対して直接付加されるものが多い。

これらの属性は遺体の性別、年齢、死因、出自、遺伝関係、地位や身分、能力によってその表現形が異なる場合があると考えられる。たとえば、可視属性は埋葬後もそれをみることにより、死者への記憶が反復可能であるし、それを媒介にして、生きている人々の関係性に思いをいたすこともできる。したがって、一般的傾向として、地位、身分、出自など、故人が有していた社会的な要素、あるいは墓制というものに付加された社会システムの維持機能などは、可視属性により強く表現される可能性が高いと想像できる。

個別墓にみられる埋葬属性

個別墓にみられる埋葬属性として特に取り上げておきたいのは、埋葬形態と埋葬姿勢である。

埋葬形態とは遺体そのものの取り扱い方に関する属性であり、埋葬が一回で終了したのか、それとも複数回行われたのか、あるいは遺体が単独で埋葬されたのか、それとも複数の遺体がまとめて合葬されたものであるのかという、遺体の数およびその処理回数に関する情報である。埋葬形態については、単葬と複葬および単独葬と合葬について説明しておきたい。

単葬と複葬

私は埋葬行為(遺体の処理)が一回のみで終了している事例を単葬とよび、複数回行われたと考えられ、従来再葬などとよばれていたものを、単葬に対して複葬とよんでいる。両者を区分する際の指標は、出土した人骨が解剖学的に自然な位置関係にあるかどうかという点である。ただ、実際に人骨出土例を精査してみると、全体の骨格の状態から単葬例であると思われても、たとえば下顎《かがく》が不自然な方向を向いていたり、大腿骨《だいたいこつ》と脛骨《けいこつ》の位置関係がずれていたり、手足の指骨などが本来あるべき箇所から離れたところからみつかったりと、意外に人骨の一部が解剖学的に不自然な位置関係にある場合も多い。骨の移動の原因は、考古学的に確認できない攪乱《かくらん》があった場合を除けば、おそらく遺体の腐敗進行のあり方や土圧による移動などに求めることができると思われるが、このような状況が起こるためには埋葬後において遺体の周囲にある程度の空間が存在する必要がある。

単独葬と合葬

また、私は出土した人骨に同一部位の重複がなく、遺体が単独で埋葬されたと判断できるものを単独葬とよび、部位に重複があり、同一土壙中に複数個体が含まれると判断できるものを合葬とよんでいる。ただし、合葬例のなかには同時に埋葬されたものではなく、時間をかけて遺体が追加されていくという状況を想定することのできるものがある。私は、出土状況から埋葬の同時性が保証されるものを同時合葬とよび、個々の遺体の埋葬時点に時間差があると考えることができるものを時差合葬とよぶことにしたいと考えている。

縄文時代における人骨出土例の埋葬形態の多くは、単独・単葬例である。これをもって人骨が確認できなかった土坑墓を単独・単葬例であったと考える向きも多い。しかし、人骨出土例を丁寧に検討していくと、当初は一個体分として取り上げられた人骨のなかに、違う個体の一部位が混じっていることがある。この場合、他遺体の存在を偶然による混入と考えて単独・単葬とするのか、それとも意図的であったととらえて単複合葬例とするのかでは、想定される葬法のイメージや、その後の解釈は大きく異なってしまう。また、調査現場でその事実を押えることができなかったら、上記のどちらが正しいのかという検討すらも不可能だろう。いかに現場において情報をかき集めることができるか。これが縄文時代の墓制を研究する上ではもっとも重要なことなのである。

埋葬される場所による区別

埋葬群と埋葬群、および埋葬小群と埋葬小群の間には、一定の空間が存在することが多い。このため、考古学者は埋葬群や埋葬小群が生前における何らかの人間集団の一単位を反映しているものと考えている。では、その人間集団の一単位とは何か。元国立歴史民俗博物館の春成秀爾《はるなりひでじ》氏は、これらの埋葬小群が東北地方などでは男女別になっていることが多いとして、これが本来二つ一組で「世帯」の歴史の一部に相当するものと想定している。また元北海道大学の林謙作《はやしけんさく》氏もその規模や内容から、埋葬群ないしは埋葬小群（林氏は埋葬区という語を使用されている）が「世帯」に対応するものと考えている。國學院大學の谷口康浩《たにぐちやすひろ》氏は、埋葬群（谷口氏は分節構造という語を用いられている）が「単系出自集団」、たとえばリネージなどに対応するものだと述べている（注4）。リネージとは祖先を共通にし、かつその系譜関係を具体的にたどることのできる、出自によって形成される社会集団のことである。必ずしも正確なたとえではなく問題も多いが、戦前における「○○家の一族」といった同族のイメージを連想していただければわかりやすいだろうか。

埋葬のされ方による区別

同じ墓域のなかには上部構造を持たない土坑墓と、配石などの上部構造をもつ土坑墓の二者が混在している場合がある。青森県青森市三内丸山《さんないまるやま》遺跡では、土坑墓がきれいに二列に並んだ墓域のなかに、周囲に環状の配石を持つ土坑墓とそうでない土坑墓が存在する。調査担当者である青森県埋蔵文化財調査センターの岡田《おかだ》康博《やすひろ》氏は、土坑墓にみられるこのような差異を埋葬された人の生前の帰属階層の差としてとらえている。

また、墓域のなかには、遺体の頭の向き（頭位方向）が南北の二方向に分かれているような場合もある。福島県相馬《そうま》郡新地《しんち》町《まち》三貫地《さんがんじ》貝塚などにみることのできるこのような頭位方向による区分を、林謙作氏は生前における集団内の social status（社会的地位）や出自を表していたと分析している（注5）。

さらに墓域のなかには、首飾や腕飾、耳飾といったアクセサリーを付けて埋葬された人と、そうでない人がいる。こうしてみると、墓域のなかには位置関係によって区分される

三内丸山遺跡の土坑墓二態[4]
上：環状配石墓　　下：配石をもたない土坑墓
（青森県教育庁文化財保護課所蔵）

ものと、墓そのもののあり方、すなわち葬法によって区分されるものの、少なくとも二つの区分の仕方があったようだ。

考古学では、墓域のなかにおけるこのような差異、区分を抽出し、それが何を表すものなのかということを検討することによって、当時の社会構造について言及することが多い。そして、その区分が表したものは、世帯であったり、単系出自集団であったり、階層差であったり、social status（社会的地位）であったりと、実に多様に解釈されている。これらの諸説のうち、どれがもっとも適合的であろうか。あるいはほかの解釈がありうるだろうか。それを調べるためには、墓のなかから出土した人骨の遺伝的要素を調べることが一番手っ取り早い方法である。

ＤＮＡによる縄文人の研究

遺伝的要素というと、近年では縄文時代の人骨からＤＮＡが採取され、その研究・分析の成果から縄文人がどこから来たか判明した、などといった報道を思い浮かべる人も多いだろう。しかし、このＤＮＡ、考古学的に応用しようとするとなかなか難しい部分も多いのだ。

人の細胞中に含まれるＤＮＡには、核ＤＮＡとミトコンドリアＤＮＡ（ｍｔＤＮＡと略されることが多い）の二種類がある。ミトコンドリアとは細胞室内にあって、エネルギー生産や呼吸代謝の役目をもつ特殊な小器官のことである。学校の理科の授業でも習っただろうし、あるいはベストセラーとなった瀬名《せな》秀明《ひであき》氏のSFホラー『パラサイト・イヴ』では太古の昔に人の身体の中に侵入した生命体として描かれている。映画化もされているので知っている人も多いだろう。

さて、これらのDNAのうち、核DNAは各細胞に一つしか入っていない。しかしmtDNAは一つの細胞中に何百と入っているミトコンドリア内にあり、さらに一つのミトコンドリア内にはmtDNAが五個から六個は入っているので、mtDNA自体の数が多く、核DNAと比較してサンプルを採取しやすいという特徴を持っている。縄文時代の人骨は、いまから数千年も前のものであるから、骨中に含まれているDNAの保存状態も良好でないものが多い。したがって、一つの細胞に一つしか含まれていない核DNAを採取することはきわめて難しい。それに比べればmtDNAは、保存状態が悪いとはいえ、核DNAに比べれば千倍以上の確率で採取できる。

さらに人のmtDNAはその塩基配列の解析がすでに完了しており、1万6569の塩基からなる環状のコンパクトなものであることも判明している。そのほか、核DNAに比べて塩基置換の起こる速度が五倍から十倍速いこと、母系遺伝しかしないということなどもわかっており、ｍｔＤＮＡの解析は生物進化を研究する上で重要な武器となっている。いまや、縄文人の遺伝子的な研究は、基本的にｍｔＤＮＡによって行われているといっても過言ではない。なかでも国立科学博物館の篠田謙一《しのだけんいち》氏は、縄文人に限らず、世界各地・各時代の人骨資料から採取したｍｔＤＮＡを用いて、日本人のルーツを探る研究を推進し、多くの成果をあげている（注６）。

このｍｔＤＮＡを用いて、すでに縄文社会に関する具体的な研究も進められている。たとえば、山梨大学の安達登《あだちのぼる》氏は、北海道伊達《だて》市の有珠《うす》モシリ遺跡から出土したほぼ同年齢の女性同士の合葬例のｍｔＤＮＡを採取・検討し、この女性たちのｍｔＤＮＡのハプロタイプが相互に異なっていたことを明らかにしている（注７）。ハプロタイプとは、簡単にいえばｍｔＤＮＡの変異形の種類のことで、現在までに数十のハプロタイプがみつかっている。ｍｔＤＮＡは母系遺伝しかしないので、有珠モシリ遺跡の合葬女性は、少なくとも同じ母親から生まれた姉妹ではないということになる。一方で、よほどのことがない限り、まったくの赤の他人同士を一つの墓穴にあえて合葬するということも考えにくい。とすると、この二人の女性をつなぐ絆《きずな》は父親側に求められるのではないかという仮説を立てることができるだろう。この場合、合葬された女性二人は父親を同じくする姉妹関係にあったのではなかろうか。さらに、父方の系譜によって合葬されていたとするならば、その社会も父系的な側面が強いものであったと考えることも可能であろうし、当時の社会に一夫多妻制度があったことにまで言及できるだろう。

また、篠田謙一氏は、先にも触れた茨城県取手《とりで》市中妻《なかづま》貝塚Ａ土壙出土人骨の分析を行い、出土人骨から抽出されたｍｔＤＮＡには複数のハプロタイプがあり、そのうちの一つに数的に偏るということを見出《みいだ》した。この研究成果を受けて、元国立歴史民俗博物館の西本豊《にしもととよ》弘《ひろ》氏は、母系遺伝するｍｔＤＮＡが、特定のハプロタイプに偏り、そして同じ一つの土壙の中に埋葬されていたということは、中妻貝塚の人々が母系社会を営んでいた証拠としてとらえることができるのではないかと述べている（注8）。

ｍｔＤＮＡは母系遺伝（母親から子供へ）するので、母系社会における特定家系の系譜関係を検討するには大変都合がよい。また、大人の女性と子供の合葬例や大人同士の合葬例などが、親子かどうか、あるいは兄弟かどうかという判定にも用いることができるだろう。ｍｔＤＮＡの分析と検討からは、縄文人のルーツといった問題だけではなくて、当時の人々の社会構造にまで迫る解釈を導くことも可能なのである。

ｍｔＤＮＡによる研究方法の難点いくつか

しかし、このように人骨の遺伝的関係を探るには絶大な威力を発揮するｍｔＤＮＡによる研究方法にも、いくつか難点が存在する。それは大きく技術的な問題と、資料解釈上の問題に分けることができる。

技術的な問題の一つとしては、ｍｔＤＮＡの抽出および解析が遺伝子の研究を行っている専門家にしかできないということと、しっかりとした研究設備が必要だということである。古人骨を対象に遺伝子的な研究を行っている研究者の数は、日本国内ではまだまだ少なく、また各種の分析機器をそろえたしっかりとした研究設備を持つ研究施設もけっして多いとはいえない。現在ではインターネットなどで簡単なＤＮＡ分析キットなどを購入することもできるが、それで事足りるようなものではない。したがって、出土した人骨すべてに対してｍｔＤＮＡの検討を行うことは、マンパワーと設備という面でも、また時間的にもなかなか難しい状況にある。

さらに、ｍｔＤＮＡを扱うときに注意しなくてはいけないのが、コンタミネーション（ＤＮＡの汚染・混入）である。古人骨から得られるｍｔＤＮＡの数は少ないので、これを扱うときには、ＰＣＲ法（ポリメラーゼ連鎖反応法）という方法で遺伝子の数を増やす必要がある（注9）。ところが、このＰＣＲ法を行う際、少しでも現代の新しいｍｔＤＮＡが混入していると、古いｍｔＤＮＡよりもそちらの方が増幅されてしまうのだ。したがって、人骨を分析してＤＮＡを採取することができたとしても、それが本当に、当該人骨由来のものであるのか、厳密な確認をとらなければならない。ところが、DNAは唾液《だえき》や汗、手の脂などにも含まれているため、完全にコンタミネーションを排除しようとするならば、その人骨に触れた人、全員のmtDNAと異なることを確認する必要がある。これは、出土したばかりの人骨ならば可能かもしれないが、大正年間などに出土した人骨の場合、まず不可能であろう。現在ではコンタミネーションを排除するために、もっとも汚染の可能性が少ないとされる歯の歯根部や大腿骨の内部の固いところ（緻密質《ちみっしつ》）の部分から複数のmtDNAのサンプルを採るなどの細心の注意が払われているが、そうした場合でもコンタミネーションの有無をチェックするさまざまなコストはどうしてもかかってしまう。

また、人骨資料からサンプルを採取したとしても、必ずしもすべての事例からmtDNAを採り出すことができるかどうか、わからないということも問題であろう。特に、火葬骨や長期間にわたって水に浸《つ》かっていたような人骨からmtDNAを採取するのは難しいとされる。北里大学の太田博樹《おおたひろき》氏らによれば、これまでにmtDNAを抽出できた事例は、抽出を試みた事例全体の六割に満たないそうだ（注10）。かりに骨格部位がすべてそろっていたとしても、その古人骨からmtDNAを採取できる確率は、遺存状況にもかなり左右されるが、あまり高くはないのである。

純粋に技術的なことばかりではなく、行政的な壁が問題となる場合もある。いわゆる行政発掘の場合、このような分析を依頼するにあたっては、時間と予算という大きな制約がかかる。遺跡から出土した人骨に関する情報は、その遺跡の報告書に掲載されることが望ましい。しかし、報告書の作成と刊行にはタイムリミットがあり、予算も額と用途が限定され、しかも年度内に消化される必要がある。一方で、前述したように、mtDNAの解析には多くの時間と労力とお金がかかる。したがって、報告書作成作業中に分析結果を出すのが時間的に難しいとされる場合もあるのだ。報告書に掲載できないとすれば、その後の行政的な予算措置は難しい。加えて、発掘調査担当者の調査および研究視野にDNA分析が入っているかどうかということにも結果は左右される。こういった現実的な問題があるために、出土人骨のmtDNA分析は、大きな県単位の埋蔵文化財センターはともかくとして、大学や研究機関が研究として行っている事例以外では、あまり数多く行われてはいないというのが現状なのである。

考古学的な資料は、多ければ多いほどより蓋然《がいぜん》性の高い解釈が可能となるという特性を持っている。これはmtDNAの解析データにも当てはまる。前述の篠田氏の著書によれば、これまでに約二〇〇体の縄文人骨からmtDNAが採取できたそうであるが、全国の出土人骨の数が、のべ一万体を超えることを考えると、まだまだ事例数が少ない。mtDNAから当時の社会についてさまざまな解釈を加えるにはもうしばらく時間がかかりそうだ。

さらに重要なのは、mtDNAでいえることは、あくまでもハプロタイプが一致した、しないということのみであって、そこから先の部分、すなわち縄文時代の社会を考えるには、考古学者の解釈による部分が非常に大きいということだ。発掘調査担当者のなかには、DNAの分析に出しさえすれば、それで事足りると思っている方もいるようだが、たとえmtDNAの結果がどのように出ようと、その結果をほかの考古学的属性と組み合わせて検討し、歴史像を作り上げていくのは考古学者でなければならないのである。

ほかの方法による遺伝的関係の分析

このほか、人骨間の遺伝的情報を知る方法としては、歯冠《しかん》計測値による方法と、頭蓋形態小変異の有無を確認する方法がある。

歯冠計測値による方法とは、歯、特に小臼歯《きゅうし》や大臼歯を中心として、その大きさを前後（遠心径《えんしんけい》）、舌側と頬側（頬舌径《きょうぜつけい》）などの方向から計測し、歯の相対的大きさとその相互関係を比較検討することによって、対象となった人骨が血縁関係者であるか否かということを検討するというものである。この歯冠計測法については元九州大学の田中良之《たなかよしゆき》氏や元琉球大学の土肥直美《どいなおみ》氏らによる一連の研究が存在し、古墳時代の横穴墓内から出土した人骨間の親族構造の推定などですでに一定の成果を挙げている。一般向けの書籍も多々出版されているので（注11）、詳細な解説はそちらに譲るとして、ここでは私が縄文時代の墓制を研究する上で注目している頭蓋形態小変異を用いた遺伝的関係の推定法について述べておくことにしよう。

頭蓋形態小変異とは

人の骨、特に頭の骨には非計測的形態小変異というものが確認できる場合がある。これは、長さが何ミリですというように数字として表すことはできないが、たとえば、頭の骨にみられるギザギザ（縫合《ほうごう》線）が普通より一本多いとか、縫合線の中に小さい骨が余計にあるとか、神経が通る穴が本来は一つのところが二つに分かれているとかいったものである。もちろん、これらの小変異があったとしても、日常生活にはなんの問題もない。ただ、考古学者や人類学者がこれに注目するのは、遺伝的な要素が強いものと考えられているからだ。

頭蓋形態小変異からみた遺伝的関係

この頭蓋形態小変異に関しては元東北大学の百々《どど》幸雄《ゆきお》氏が精力的な研究をされている。

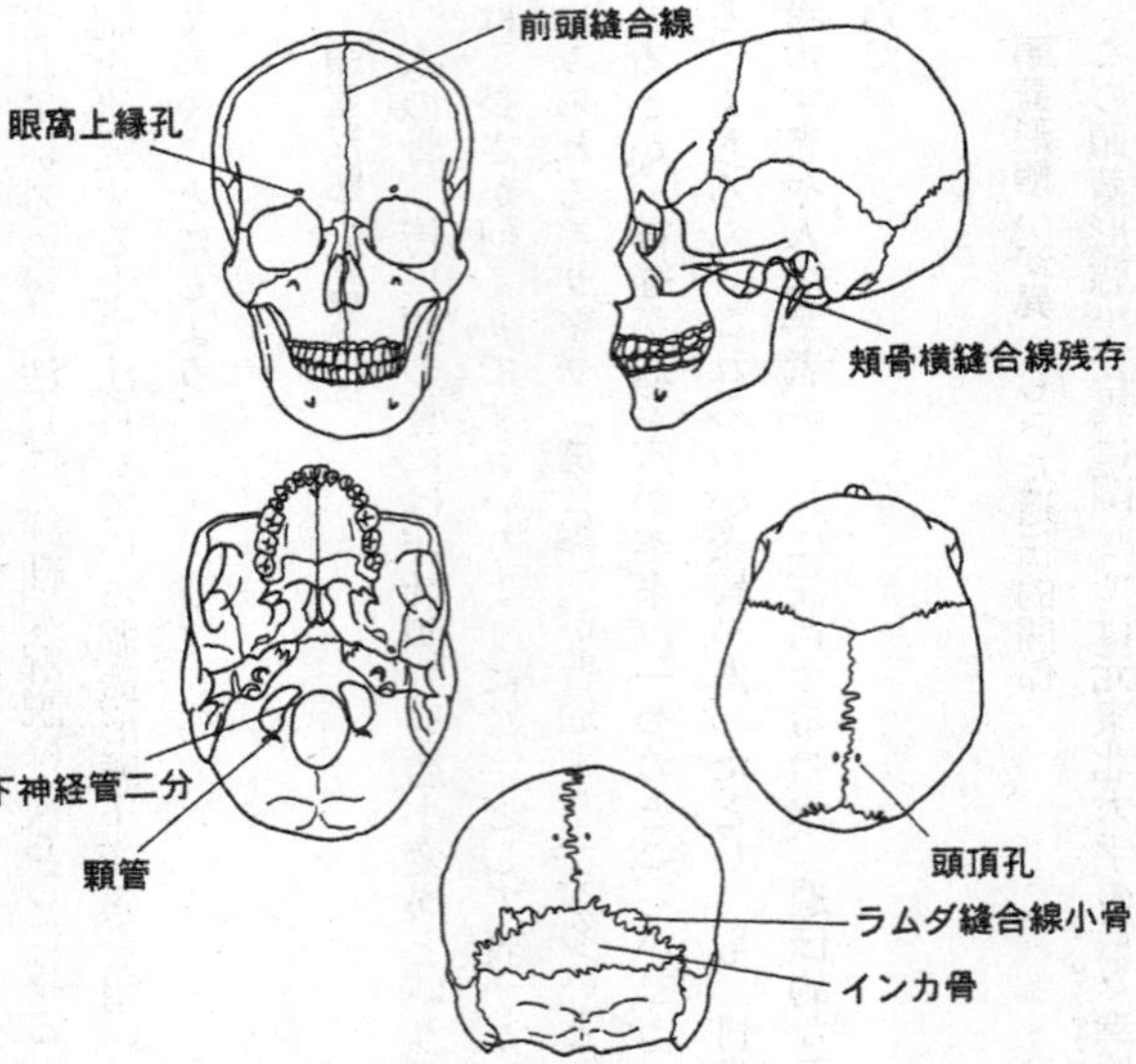

主な頭蓋形態小変異の位置[3]

そのなかの一つに宮城県東《ひがし》松島《まつしま》市里浜《さとはま》貝塚出土人骨の頭蓋形態小変異を分析したものがある（注12）。この研究成果は考古学的にも注目されるので、ここで紹介しておくことにしよう。

百々氏が研究に使用した資料は、当時東北帝国大学にいた松本《まつもと》彦七郎《ひこしちろう》氏が一九一八年から翌年にかけて発掘した人骨一八体中、保存状態の良好な八体である。これら八体の人骨は近接して発見されており、ほかの人骨とともに一つの埋葬群をなしていたものと思われる。また、松本彦七郎氏が発掘した地点からは男性骨が多く出土しているので、これは男性の埋葬小群が主に調査されたのかもしれない。ちなみに東北地方の貝塚群から出土する人骨群は地点によって性的な偏りがあるということが、これまでにも林謙作氏や春成秀爾氏によって指摘されている。里浜貝塚の場合も、大人の男女と子供の埋葬例によって一つの埋葬群が構成され、その内部に性別及び年齢によって分離される埋葬小群が存在するという入れ子状の構造をもっていたのかもしれない。

この八体の人骨のうち、男性二体に前頭縫合が観察された。百々氏によれば、現代日本人において、任意に選んだ八人のうち二人が前頭縫合をもつ確率はきわめて小さく、0・0878である。また、このほかにもラムダ骨が七体中一体、頭頂間骨が七体中一体、二分頬骨が八体中一体に確認でき、その出現確率はそれぞれ、0・3214、0・1768、0・1964であるとされる。もしこれらの頭蓋形態小変異が互いに独立に発現するものであるならば、八体中にこのような縫合線変異が確認できる確率は0・0098となり、まず現代人では起こりえない状態といって差し支えない。この点から百々氏は、里浜貝塚から出土した人骨群が遺伝的に特殊な集団であった可能性を示唆したのであった。後日、この研究成果について私が百々氏から直接お話をうかがったところ、百々氏もやはり、この人骨群が遺伝的に強い関係性を持っていた、すなわち血縁関係者を含んでいるのではないかと言われた。

前頭縫合という大きな縫合線変異が、一つの埋葬群内という考古学的にも意味のある場所からみつかった人骨間に観察されるということは、この人骨間に遺伝的関係性が存在する、すなわち血縁関係者が含まれると考えてもよいのではないだろうか。また、この頭蓋形態小変異による遺伝的関係の推定法の利点は、前頭縫合やインカ骨といった縫合線の大きな変異であれば、比較的簡単に観察できるということだ。このような視点から、私も全国から出土した人骨、特に埋葬形態の判明している人骨にターゲットを絞り、のべ一五〇〇体の人骨の頭蓋形態小変異を調べたことがある。そして、その有無を埋葬姿勢や埋葬群のあり方などと比較検討してみた（注13）。その結果、埋葬群や合葬例のなかには、前頭縫合や舌下神経管二分、頬骨横縫合線残存などの小変異を共有する人々が往々にして含まれていることがわかった。このことから、埋葬群や合葬墓には何らかの遺伝的関係を有する人々が埋葬されていたと考えることができるだろう。

注意しなくてはいけないのは、この埋葬群は一時にできたものではないということだ。埋葬群に含まれる墓のつくられた時期は、おのおの異なっているはずである。したがって、埋葬群が形成されているということは、最初の埋葬が行われてからそれ相当の時間が経過していると考えなくてはならない。十数基の墓からなるような大きな埋葬群の場合、それができるまでには、たとえば二年に一人亡くなったとして単純計算しても、一〇年単位の月日が必要とされたに違いない。ということは、埋葬群中の墓に埋葬された人々は、単に遺伝的関係があるというだけではなく、時間的にも相互に連続性を持った系譜的な関係にあったと推察できるだろう。小さい埋葬群の中には数基の墓が、大きな埋葬群の中には十数基の墓が含まれ、その埋葬者間に何らかの遺伝的かつ系譜的な関係性が存在する人間集団。それは一体なんであろうか。これらの点から私は、この人間集団に、既知のものをあてはめるならば、「家族」をあてるのがよいのではないかと考えている。また、埋葬群がさらに入れ子状に分割できるときは、埋葬小群が一つの小規模な家族の累代墓所であり、埋葬群はさらにその上の紐帯《ちゅうたい》、たとえば拡大家族などを示すものではないかと考えている。さらにこれが大きくなる場合、谷口康浩氏が指摘するように出自集団が対応する場合もありうるだろう。縄文時代の人々は、家族を単位としてお墓をつくっていたのではなかろうか。ただし、彼らは現代の私たちと比べてはるかに移動の多い生活を営んでいたとも考えられるので、その墓所も当初は先祖代々というような長期にわたるものではなく、せいぜい二世代ないしは三世代を含む程度のものであったようだ。

頭蓋形態小変異による遺伝的研究の難点

ただし、この研究方法にも大きな難点がある。それは、遺伝的な関係があっても、必ずしも頭蓋形態小変異が発現するとは限らないということである。たとえば、頭蓋形態小変異のなかでももっとも大きな縫合線の変異の一つである前頭縫合の出現率は、先の百々氏のデータに従えば現代人においては一〇〇人に七人程度のものである。したがって、まったくランダムな状態で前頭縫合が二体の人骨に確認される確率は、単純計算で一〇〇〇分の四九、すなわち〇・五%ほどということになる。だから、頭蓋形態小変異が、たとえば合葬例など、考古学的に意味のある出土状況のなかで、複数の人骨から確認された場合、その人骨間における遺伝的関係性を強く示唆するものとしてとらえることができるのだ。しかし、もしみつからない場合、直接的な系譜関係に対しては、なにも発言できないということになるのである。あれば雄弁、なければ無言。それが頭蓋形態小変異による遺伝的関係の推定方法なのである。

中妻貝塚の場合

さて、ここまで話を進めて、ようやく私の人生を決定づけた中妻貝塚の分析に入ることができる。中妻貝塚の場合、松村博文《まつむらひろふみ》氏によればA土壙からは九六体分の頭蓋が出土している。そして、そのうち六体、約六・三％に前頭縫合が、さらに前頭縫合鼻上痕跡ともなると二〇体、二〇・八％もの事例に確認できたのである。大きな縫合線変異がこれだけ高い確率で出現している以上、中妻貝塚のA土壙には遺伝的な関係を持った人々が多数含まれていたと考えてよい。篠田謙一氏の研究でもA土壙出土人骨から抽出されたｍｔＤＮＡのハプロタイプが特定のものに偏るとされており、これも前述の推定を支持するものである。しかし、中妻貝塚A土壙の場合、その規模からみて一家族内における死亡者のみを埋葬したとは考え難く、多数合葬・複葬例は、いくつかの異なった家族ないしは異なった遺伝関係にある人々を含んでいると思われる。

風葬の存在？

ところで、中妻貝塚のA土壙出土人骨には骨自体の損傷が非常に少ないことが、これまでにも指摘されている（注14）。たしかに、個々の骨の破損は少なかったと、私も記憶している。このことから、人骨を集積し一括埋葬を行った人々は、その対象となった人骨の当初の埋葬場所をかなり正確に知っており、そこから丁寧に人骨を取り上げ、合葬を行ったことがうかがえる。

また、中妻貝塚の多数合葬・複葬例中の多くの人骨の頭蓋内部には土が入っておらず、空洞であった。このことをもって西本豊弘氏らは風葬の存在を想定しているが、私が実際に人骨を取り上げたときの観察によれば、これらの頭蓋内にはたしかに外部由来の土壌は侵入していなかったが、黒色の有機質土壌が少量入っていた。これは、複葬時にまだ軟部組織が頭蓋内部に存在していたことを想定させる。また、私が発掘調査を担当した著名な砂丘遺跡である山口県土井《どい》ヶ《が》浜《はま》遺跡の単独・単葬例においても、頭蓋がほぼ完形を保っているものには砂が入ってはおらず、空洞であった。さらさらの砂でさえそういう状況が起こりうるのであるから、ほぼ完全な形の頭蓋内部に土が入っていなかったということだけから、中妻貝塚における風葬の存在を語ることはできないだろう。

多数合葬・複葬例の対象者

さて、R・スミス氏やH・オームス氏は、現代日本の農村の場合、祖霊として祀《まつ》られている故人は、現在生きている人々から三世代以上には遡《さかのぼ》らない人々であったと述べている(注15)。このことは、死者に対する記憶が多くの場合三世代を遡らないということであり、このような個人への追憶のあり方が縄文時代も同様であれば、多数合葬・複葬を行った当事者たちから遡って、おそらく三世代以内の人々を対象に複葬が行われたと考えることができる。

中妻貝塚においてこのような多数合葬・複葬が行われたのは、縄文時代後期の前葉、土器型式でいうと堀之内《ほりのうち》式土器のころであった。また、千葉県市川《いちかわ》市権現原《ごんげんばら》貝塚例や同市原《いちはら》市祇園原《ぎおんばら》貝塚例など、ほかの遺跡における多数合葬・複葬例もこの時期ないしはその前後に集中している。

それではなぜ、この時期にこのような葬送儀礼が執り行われたのであろうか。この点についてより深く考えを進めるために、縄文時代中期後半から後期前半にかけての東京湾沿岸地域を中心とした集落の動向と墓制のあり方について検討を加えることにしよう。

該期集落の動向

関東地方における中期後半の集落の動向については、すでに元昭和女子大学の山本暉久《やまもとてるひさ》氏の研究がある（注16）。山本氏によれば、中期後葉から後期初頭の集落は、中期中葉から継続して営まれることがきわめて少なく、中期終末期に至って突如集落が営まれ、しかもそれが継続せずにこの時期だけで廃絶されてしまうという事例が多いとされている。ただその一方で、このような中期終末期における短期間の集落とは別に、この時期に集落が形成され後期へと受け継がれていく継続的な集落も存在する。これらの点から山本氏は当時の集落の動向が「中期以来の集落の崩壊↓移動＝後期集落の形成」へとスムーズに移行するものではなく、中期の集落が崩壊した後に、いったん小規模な集落が分散する状態があり、その後に後期の集落が形成されたと述べている。

これを受けて、私は元東北芸術工科大学の宮本長二郎《みやもとながじろう》氏の研究成果（注17）をもとに、縄文時代中期の加曽利《かそり》E式期から後期の加曽利B式期にかけての住居床面積を調べてみた。すると、加曽利E４式期に、やや床面積の縮小がみられるものの、住居跡一棟の規模自体は、時期を通じて大きな変化はしていないということがわかった。住居跡の大きさが住居跡にすむ人間の数を反映しているものだとすれば、一つの住居にすんでいた人間の数自体は、この時期を通してあまり変化していないことになる。

個々の住居に住む人の数自体が大きく変化していないのならば、中期から後期にかけて人口が減少しているという指摘があるにせよ、縄文時代中期に営まれた大型集落の終焉《しゅうえん》、中期終末から後期初頭の小規模な集落の成立、後期初頭の大型集落の形成という一連の動向は、集落に住んでいた人々が、住居単位で離散と集合を行うというモデルでとらえることができる。

多数合葬・複葬例が検出された集落は、中期から後期にかけて長期にわたって継続している集落ではなく、多くの場合一時断絶があって、後期の初頭から前葉にいたって、新規にもしくは再開設された集落である。この点を考慮すると、多数合葬・複葬が行われた集落は、多数の人間が新規にあるいは再び集まってできた集落であると読み変えることができる。

廃屋墓に埋葬された人々

中期の墓制のあり方に関しては、代表的な墓制として廃屋墓がよく取り上げられている。廃屋墓とは、住居内への埋葬例のことだ。その一方で土壙への埋葬例も確認されており、中期の墓制は廃屋墓と土坑墓の二者によって代表される。ここでは、多数の人骨を出土した千葉県市原市草刈《くさかり》貝塚の事例を取り上げ、縄文時代中期の典型的な墓制のあり方を探ることにしてみよう。

草刈貝塚は縄文時代中期の環状集落である。一九八〇年に千葉県文化財センターが発掘を行い、合計で四二体余りの人骨が出土した（注18）。そのうち三八体が廃屋墓から、四体が土壙から出土している。この廃屋墓葬にも、一つの住居跡に五体程度の多くの人骨が埋葬されている多数埋葬例と、一体のみが埋葬されている単体埋葬例の二者が存在する。時期的にみた場合、多数埋葬の廃屋墓は阿玉台《あたまだい》式期のものが多く、単体埋葬の廃屋墓は加曽利E式期のものが多い。これらの人骨出土例のなかで、注目すべきはこの多数埋葬の廃屋墓である。二〇二号住居跡からは合計で六体の人骨が出土している。これら六体の人骨の帰属時期は阿玉台3式期である。これを報告書通りにA～F号人骨としよう。大人の男性A号と五～六歳のB号は合葬例である。二〇二号住居跡出土のA、B、Cの三体の人骨について、頭蓋形態小変異のあり方について検討してみると、B号人骨は、顆管《かかん》が左右に存在する点で、成人男性C号人骨に類似することがわかった。

また、二二八号住居跡からは六体の人骨が出土している。帰属時期は阿玉台4式期である。これらの人骨のうち、頭蓋形態小変異を観察可能なC、D、E、F号人骨について検討してみると、C号とD号人骨において顆管が、D号の右側が欠損していて観察できないが、左右に存在すること、頭頂孔が左右に存在することがわかる。

五一六号住居跡からは合計で七体の人骨が出土しているが、明らかに廃屋墓としてとらえられるものは四体である。これらの人骨の頭蓋形態小変異を検討してみると、C、D号人骨において顆管が左右にみられること、鼓室骨裂孔《こしつこつれつこう》がともに右側にみられること、眼窩《がんか》上縁孔《じょうえんこう》がみられること、頭頂孔がみられることなど一致する点が多く観察できる。

これらの頭蓋形態小変異は、正直なところ遺伝的関係を議論するにはあまり雄弁なものではない。しかし、複数項目の形態小変異が複数の人骨に共通して観察でき、それらの人骨が同一の廃屋墓内に埋葬されていたのならば、その複数の人骨には遺伝的な関係があった可能性もまた仮説として指摘することはできるだろう。

草刈貝塚 516 号住居の廃屋墓[5]
（公益財団法人千葉県教育振興財団提供）

考古学的な所見から判断した場合、多数埋葬の廃屋墓に遺伝的にまったく無関係な人々が無作為に埋葬されたと考えるよりも、親子や兄弟などを含む何らかの遺伝的な関係をもつ人々が意図的に同一の住居に埋葬されたと考える方が自然である。廃屋墓中に遺伝的関係を有する人々を埋葬するという墓制が、加曽利E式期にも引き続き行われたかについてはより一層の人類学的、考古学的な検討が必要である。しかし、一つの住居跡中に多数の人骨を埋葬する廃屋墓は、千葉県市川市向台《むかいだい》貝塚や同鎌ケ谷《かまがや》市根郷《ねごう》貝塚などでも確認されており、加曽利E式期においても基本的には前代と同様の墓制が継続していたと、私は考えたい。

これと合わせて、千葉県市原市西広《さいひろ》貝塚

では林謙作氏によって堀之内式期の埋葬小群が廃屋墓から発展して形成されたことが指摘されており、一つの埋葬小群にはこの遺伝的な関係を有する人々を含む特定の集団が埋葬されたものであると考えることができる。

このようにみてくると、縄文時代中期の京葉《けいよう》地域における埋葬方法は、遺伝的な関係を有する人々を含む特定の集団を基本的な単位とした埋葬方法が採られていたと推定できる。また、西広貝塚の事例より類推して、後期の墓域にみられる埋葬群（埋葬小群）もそれに準ずるものであったと考えられる。つまりは、中期の墓制も後期の墓制も、遺伝的な関係を有する人々を含む単位、私はこれを家族だと推定するが、それを重視したものであったことには変わりはないことになる。ただし、中期の場合、廃屋墓がそれぞれの住居群中に存在するというあり方からみて、それぞれの家族は相互にある程度独立的な様相をみせているのに対して、後期になると千葉県市川市姥山《うばやま》貝塚M地点のように、多数の人骨が集中して大きな墓域が形成されるようになる。当時の墓制においては、埋葬群という形で、遺伝的な関係を有する人々を含む特定集団、すなわち家族が自己主張をする一方、墓域を形成するという形での全体的な統合もあわせて存在したことがうかがわれる。このような墓域の形成は京葉地区においては後期中葉堀之内式期以降の現象であるとされており、その意味では堀之内式期は墓制における画期であったといえるだろう。

姥山貝塚における人骨出土状況[6]（明治大学博物館所蔵）

多数合葬・複葬の意義

このように考えると、多数合葬・複葬例は次のように理解できる。

加曽利E3式期に至って、多くの縄文時代中期の大型集落は終焉をむかえる。その後、加曽利E4式期から称名寺《しょうみょうじ》式期には、小規模な集落が形成される。そして、これらの小規模集落の住民が再び集合し、新しい場所で、新しく集落を開設する堀之内式期を前後する時期に、死亡時点の異なる人骨を掘りだすなどして持ち寄り、一時に一つの土壙に埋葬する。その土壙の位置は集落内でも特別な地点であり、上部構造を設け、視覚的にそして精神的にもシンボリックな建造物としての機能を持たせたのだと。

いままで家族を重要視し、それによって異なった埋葬地点を選んでいた人々が、異なる家族同士の人骨を一か所に集めて、一緒に埋葬しこれを祀るということは、単独に埋葬されていた遺体の個性を消失させ、生前の遺伝関係や集団関係、系譜的関係を撤廃するということである。そのように理解した場合、多数合葬・複葬例については次のような解釈が可能である。

多数合葬・複葬例は新しく集落を開設、もしくは集落をリセットするときに、異なる系譜的関係にある家族集団が、複数集合し、至近距離において共同生活を始めたときに生じる社会的な緊張を解消するための手段として執り行われた葬送儀礼である。そして、このことによって各家族集団が相互に親密な絆を求め、新たな紐帯を作り出したのであろう。従来の家族単位の集団結合のあり方が直接的な血縁関係を重視したリネージに相当するものだとすれば、多数合葬・複葬によって新たに生み出された集団の紐帯は、多分に疑制的な血縁関係と地縁的な関係によって構成されたクランに相当するものだったと考えることもできるだろう。クランとは、直接的な血縁関係は不明だが、祖先が同じであると考えられている出自集団のことである。

H・オームス氏は祖霊崇拝について、特定集団への帰属意識を時間の系列において表現したものだと述べているが（注19）、この多数合葬・複葬例を祀ることによって作り出されたモニュメントは、まさに集団の紐帯を象徴するもの、すなわち共通の祖霊の存在を示すものとして、そして祖霊崇拝の重要な舞台装置として機能したことであろう。

これらのことから、縄文時代の後期には、すでに祖霊観念が成立しており、祖霊崇拝が行われていたと考えることができる。この点は墓に関係する配石遺構や環状列石のような大型配石遺構（記念物）が後期にいたって増加することからもうかがいしれる。おそらく、これらの配石遺構は多数合葬・複葬例の上部構造と同様に、祖霊の存在を指し示す象徴的な意味を持っていたのであろう。多数合葬・複葬例の上部構造や、墓に関係する配石遺構はこれら祖霊崇拝のためのモニュメントであり、集団の帰属意識を高める装置として機能したのであった。

もちろん、この仮説には反論もある。東京大学の米田穣《よねだみのる》氏は、千葉県茂原《もばら》市下太田《しもおおだ》貝塚から出土した多数合葬・複葬例と土坑墓出土人骨からコラーゲンを抽出し、個々の人骨の年代測定を行った。もし、私の仮説が下太田貝塚例にも当てはまるのであれば、土坑墓出土人骨と多数合葬・複葬例の間にはタイムラグが存在するはずである。しかし、結果はこの両者はほぼ同時に存在した可能性が高い、というものだった。これをどう理解すればよいのか、私はまだ明確な答えを出せずにいる。下太田貝塚が特殊な事例なのか、それとも私の根本的な理解の仕方が間違っていたのか。さらなる検討が必要となった。しかし、謎というものはわかってしまうとつまらないものだ。新たな宿題に対して、またいろいろと想像をめぐらせることができる。また楽しからずや。まだまだ研究は終わっていない。まったくもって、少年老いやすく、学なりがたし、である。

追記

その後の研究の結果、下太田貝塚の事例は多数合葬・複葬例ではなく、水流によって露出した遺体を集積したものである可能性の高いことが判明した。（山田康弘二〇一八「「モニュメント」としての多数合葬・複葬例再考」『国立歴史民俗博物館研究報告』第二〇八集）

第二章　土中から現れた人生——ある女性の一生

奇妙な埋葬

前浜《まえはま》貝塚は、宮城県気《け》仙沼《せんぬま》市本吉町《もとよしちょう》にある縄文時代晩期を中心とした貝塚である。この貝塚から一九七八年に奇妙な葬法で埋葬された女性が発掘された。奇妙というと語弊があるかもしれない。むしろ不思議なといった方がよいだろうか。この女性は、地面に楕円《だえん》形に掘りくぼめられた土壙《どこう》の中に四肢をかがめ、仰向《あおむ》けの姿勢で埋葬されていた。それ自体は、縄文時代に数多くみられる土坑墓《どこうぼ》例、仰臥屈葬《ぎょうがくっそう》例ということで、なにも奇妙なことではない。問題は、この女性の顔面に一匹のイヌが乗せられていたことであった。

　この女性骨の鑑定結果は、当時札幌医科大学におられた百々《どど》幸雄《ゆきお》氏によって、すでに報告書としてまとめられている（注20）。一九七九年に本吉町教育委員会が発行した『前浜貝塚』によると、女性の年齢は一五歳から一七歳くらいで、人類学的には青年期の前半、いまの高校生の年齢にほぼ相当するとされている。そして、上顎《じょうがく》の左右の犬歯と下顎の左第一切歯《せっし》に抜歯が見られるという。

抜歯とは？

抜歯とは、健康な歯を意図的に除去する縄文時代の風習である。抜く歯の種類は、切歯、犬歯、小臼歯《きゅうし》などであり、口を開けたときに抜歯をしていることが一目でわかる場所の歯である。愛知県田《た》原《はら》市の吉胡《よしご》貝塚などから出土した人骨には、上顎左右犬歯のほか、下顎の左右第一・第二切歯、犬歯までを除去されたものがある。前歯の多くを抜いてしまうのだから、大変だ。一体どうやって食べ物を噛《か》んでいたのだろうか。

前浜貝塚における
女性人骨の出土状況[7]

ここで、なぜ、健康な歯をわざわざ抜くようなことをしたのか、得られているデータから考えてみよう。

これらの歯の除去を一度に行うと、おそらく出血多量でその人は死んでしまうだろう。したがって、これらの抜歯は一気になされたものではなく、ある程度の時間をおいて行われたものと考えることができよう。全国の人骨出土例から得られたデータの集計から判断すると、一番最初に除去された歯は上顎の左右犬歯である。この抜歯が行われている人骨の最少年齢は、おおよそ一三歳くらいである（注21）。そのほかの人骨を調査しても、大体思春期から青年期にかけてのころ、つまり第二次性徴が顕著となる時期に犬歯が除去されていることが多い。このことから、犬歯抜歯は子供から大人への移行を象徴する成人式で行われた儀礼の一つだと考えられている（注22）。

世界の諸民族を見渡しても、第二次性徴が発現する時期に成人式を行う事例は多い。その場合、通過儀礼（イニシエーション）をともなうことが普通である。このイニシエーションには、何らかの痛みや苦痛をともなうことが一般的である。たとえば、さきほどから話題となっている抜歯のほか、割礼や文身（いれずみ）などもそうだし、最近はレジャーになってしまっているが、バンジージャンプももとはといえば、バヌアツにおける成人式のイニシエーションである。縄文時代の抜歯も、成人式における通過儀礼の一つであったのだろう。

この抜歯もやり方が悪いと、大量出血で命の危険にさらされることがあった。試しに上顎の犬歯の根っ子（歯根部）がどこまで延びているのか、皮膚の上からでも触ってたしかめて欲しい。犬歯の歯根部は非常に長く、鼻の穴のすぐ下にまで来ていることがわかるだろう。現在の歯科医も犬歯を抜歯するのは容易ではないと聞く。また、犬歯は切歯を両側

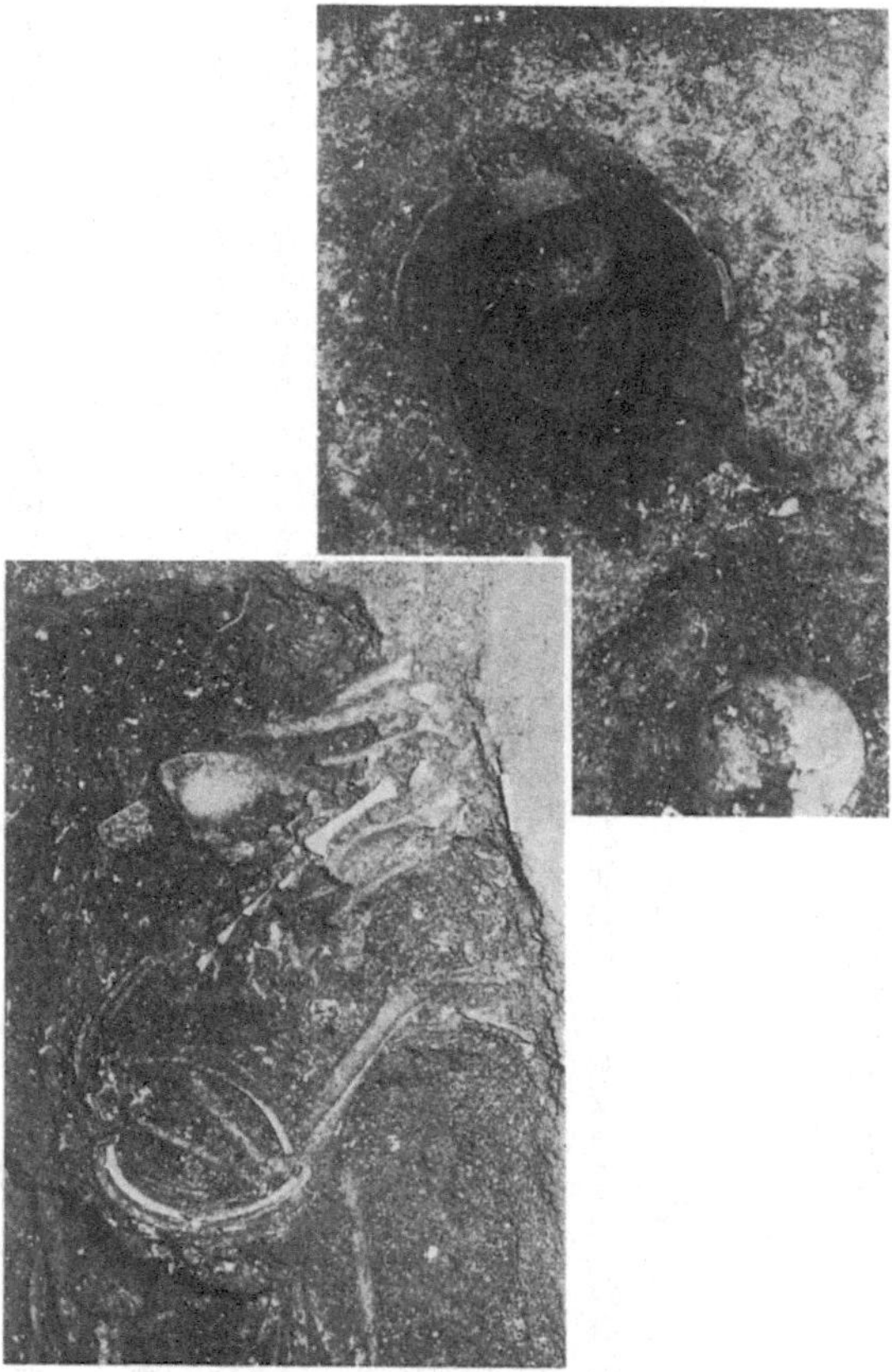

前浜貝塚におけるイヌと土器棺の出土状況[7]
上：土器棺墓（女性の頭部に近接する赤ちゃんのお墓）
下：イヌの埋葬例（女性の顔面に乗る）

から押える役割も果たしており、犬歯を除去してしまうと、前歯がぐらつくようになるともいわれている。そのような歯を縄文時代の人が抜歯するということがいかに危険なことであったのか、ちょっと考えてみればすぐわかるだろう。ちなみに抜歯の方法としては、歯にタガネを当ててハンマー（この場合は石斧《せきふ》か敲石《たたきいし》か）で折り取るものや、歯に弓のツルを巻き付けて引き抜くといったものが民族誌から想定されている。最近の、形ばかりでお仕着せで、なんのありがたみもないお気楽同窓会的な成人式とは大違いだ。縄文時代の成人式は、まさに命がけであったのである。

だが、犬歯以外の抜歯は、その施行年齢および順序からみて、成人儀礼によるものとは考えにくい。元国立歴史民俗博物館の春成秀爾《はるなりひでじ》氏は、抜歯人骨の詳細な調査と考古学的な検討成果から、抜歯には成人抜歯以外にも婚姻時に行うもの（婚姻抜歯）と、夫や親類などが死んだときに行うもの（服喪抜歯）があったと推定し、婚姻抜歯には下顎の切歯ないしは犬歯の抜歯を、服喪抜歯には第一小臼歯の抜歯を想定している（注23）。

前浜貝塚の女性の抜歯からわかること

前浜貝塚から発掘された女性には、上顎左右の犬歯抜歯が確認されている。ということは、当時この女性は、社会的には大人とみなされていたと考えてよい。ところがこの女性は下顎の第一切歯も抜歯されていた。先の春成氏の見解に従うと、婚姻抜歯ということになるだろう。さらに注意しておきたいのは、これらの抜歯が行われた個所の歯槽部が完全には閉鎖しきっておらず、粗雑な面を残しているという所見である。『新歯学大事典』（永末書店刊）によれば、抜歯された歯槽は正常な治癒経過をたどれば大体三か月から六か月ほどで閉鎖し、骨性治癒するとされている。また、臨床例の多い歯科医からは、年齢が若い場合、レントゲン写真でみるかぎりは、歯槽が二〜三か月で閉鎖した、との教示も受けている。これらのことを考え合わせると、この女性は抜歯が行われてから、さほど月日がたっていない時期に亡くなったと判断できるのである。

この女性は、成人後すぐに結婚したのであろう。そして、その結婚からさほど遠くないある日、命を落としたのであった。

近くにあった赤ちゃんのお墓

しかし、それだけでは、この女性の顔面にイヌが乗せられていたことを説明できない。また、なぜ亡くなったのかということもわからない。ところが発掘作業中に興味深い発見があった。この女性が埋葬された土壙に接して、一つの土器が埋められていたのである。

この土器の中からは、子供の骨がみつかった。手足の骨は未完成であり、その長さも五〇ミリから七〇ミリといった小さなものであった。間違いない。生まれて間もない赤ちゃんの骨である。現在では大腿骨《だいたいこつ》や上腕骨、脛骨《けいこつ》などの骨の長さ（ただし、子供の骨は大人の骨のように完成しきってはいないので、骨化した部分の長さ、骨化長からだが）から赤ちゃんの週齢を推定することができる。骨を測定した結果、受精後三八週から三九週くらいの周産期の赤ちゃんであることがわかった。この赤ちゃんは、前述の女性の頭の方に、土壙と接する形で埋葬されていた。発見された位置からみて、この赤ちゃんと女性との間には何らかの深いつながりがあるように思われた。

土器棺墓と再生の思想

縄文時代には、このように生まれて間もない、あるいは長くても生後一年以内の赤ちゃんの遺体を土器の中に入れて埋葬するという「土器棺墓」の風習が存在した。土器棺墓は、研究者によっては甕棺墓《かめかんぼ》とよんだり、あるいは埋甕《うめがめ》とよんだりする人もいる。私は、土器を棺《ひつぎ》として使用する墓という意味で土器棺墓の言葉を使っている。この土器棺墓の風習は縄文時代の前期ころ、おそらく東北地方から始まり、中期から晩期にかけて全国的に広まったと考えられている。

土器の中に子供の遺体を入れて埋葬するという風習は、何も縄文時代に特有のものではない。続く弥生《やよい》時代や古墳時代にもみられたものだし、諸外国においても同様の風習の存在が報告されている。著名な宗教学者であるM・エリアーデ氏はその著書『生と再生』のなかで、世界の諸民族において土器が、なかでも壺《つぼ》などのように胴部が張る器形のものが、その形態的類似から女性の身体、特に母体に見立てられることが多いことを指摘している(注24)。このことから類推するに、縄文時代の人々が土器の中に赤ちゃんを入れて埋葬したのも、おそらくは墓をつくって「あの世」に送りこむためというよりも、もう一度母体に回帰させるという「再生観念」によるところが大きかったのではなかろうか。

出産の光景を表した土器[8]
(山梨県津金御所前遺跡出土)

　これを傍証する事例がいくつか発見されている。たとえば長野県諏訪《すわ》郡富士見《ふじみ》町《まち》唐渡宮《とうどのみや》遺跡からは、出産時の光景を描いたとされる絵画土器が出土している。また、山梨県北杜《ほくと》市津金御所前《つがねごしょまえ》遺跡や長野県伊那《いな》市月見松《つきみまつ》遺跡からは、人面《じんめん》把手《とって》土器のちょうどお腹の部分から赤ちゃんが顔をのぞかせている、まさに出産の光景を模した土器が発見されているのである。これらの事例は、縄文時代の人々が土器をまさに新しい生命を生み出す女性の身体、母体を象徴するものと考えていた証拠であろう。

現代でも、たとえば「土器《かわらけ》を割る」のように、女性のことをスラングで土器にたとえることがある。室町時代の御伽草子《おとぎぞうし》に出てくる鉢《はち》かづき姫は、土製焼物の鉢を被《かぶ》るからその象徴性を表現できたのであって、鉄鍋《てつなべ》では具合が悪かっただろう。

女性はなぜ死んだのか？

さらに注目すべき発見があった。前浜貝塚からみつかった女性の土壙の中から出土した土器片と、前述の赤ちゃんが入れられていた土器棺内から出土した土器片が同じ大洞《おおぼら》C1式の同一個体のものである可能性の高いことがわかったのである。このことは、女性と赤ちゃんがきわめて近接した時期に埋葬されたことを指し示すものである。それぞれの墓が隣り合うかのように接していること、そして埋葬された時期が非常に近接していたということ。この二つの事実は、この女性と赤ちゃんが生前きわめて密接な関係にあったことを推定させるのに十分である。赤ちゃんはおそらくこの女性の子供であろう。

ここまで、検討を進めていくと、この女性についてあるストーリーを描くことができる。

通常、伝統社会においては、社会的に認知された妊娠・出産は婚姻後に行われる。また、婚姻は成人にならなければ履行されない。このことから考えると、この女性は一五歳か一六歳ころに成人式を行い、上顎左右の犬歯を抜歯された。その後すぐに結婚し、それにともなって下顎の切歯が抜歯された。そして結婚後まもなくおそらく一六歳ころに懐妊し、遅くても彼女が一七歳ころ、胎児の週齢が三八週から三九週の段階で出産に臨んだ。しかし、なんらかの事故により、母子ともに亡くなったのであった。この女性は、妊産婦の埋葬例だったのだ。

ちなみに現在においても、妊娠中あるいは出産時の事故によって妊産婦が亡くなったという話をきくことがある。私の学生時代にヒット曲「ウエディング・ベル」で一世を風靡《ふうび》した女性コーラスグループＳＵＧＡＲのリーダー、モーリさんも一九九〇年に出産事故で亡くなった。かつて出産を経験した私の古くからの友人も、分娩《ぶんべん》時の出血が止まらず一時危険な状態に陥ったそうだ。今も昔も出産は命がけである。

縄文・弥生時代における妊産婦の埋葬例

前浜貝塚に埋葬された彼女は妊娠中ないしは出産時の事故でなくなった。おそらくこれが、この女性の顔面にイヌを乗せるという奇妙な埋葬が行われた理由だろう。

私は同様の視点で、赤ちゃんの骨とともに出土した女性、すなわち妊産婦の埋葬例と考えることのできる事例を検索してみた。すると、北海道虻田《あぶた》郡洞爺《とうや》湖町《こちょう》の高砂《たかさご》貝塚や岡山県岡山市彦崎《ひこざき》貝塚などからも類例を探すことができた。これらの事例を細かく検討してみると、埋葬されるときの頭の方向が、妊産婦のものだけ違う方向に向けられていたり、あるいはほかの埋葬例にはなかったような貝の腕飾を持っていたりと、いずれも特殊な埋葬例であったことが判明したのである。縄文人は妊産婦の死亡者を、ほかの場合とは異なった方法で埋葬していたのだ。

それればかりではない。弥生時代においても同様の事例を発見することができた。場所は山口県下関《しものせき》市豊北町《ほうほくちょう》に所在する土井《どい》ヶ《が》浜《はま》遺跡である。「渡来人」の墓地として歴史教科書にも掲載されたことがあったため、読者のなかには名前を聞いたことのある方も多いはずだ。一九八五年にこの遺跡から出土した女性の股間《こかん》からは胎齢八か月の赤ちゃんの骨が見つかっている。妊産婦の埋葬例と考えてよいだろう。注目したいのは、この女性の足首が切断されるなどしたためか、足首以下の骨が解剖学的にみれば不自然な方向に曲がっていたり、また、一部分が離れたところからみつかったことである。この女性は埋葬時に足首以下の部分に何らかの行為が加えられたに違いない。土井ヶ浜遺跡から出土した三〇〇体もの人骨のうち、このような状況にある事例は、この女性ただ一人である。弥生時代においても、妊産婦の埋葬例は特殊な扱われ方をしていたのである。

なぜ妊産婦の埋葬例が特殊な扱われ方をするのか？

じつは日本の伝統社会における民俗例中にも、妊娠中あるいは出産直後に死亡した女性を特殊な葬法で埋葬する場合が存在する。文化庁編集の『日本民俗地図』によれば、青森県の下北《しもきた》半島では、通常、火葬を行うところを、妊産婦は特別に土葬にしている。妊産婦が死んだ場合には遺体に水をかけたり、川で洗い清めたりする「流れ灌頂《かんじょう》」を行う習俗も茨城、千葉、東京、神奈川、新潟、静岡、愛知、滋賀、奈良、大阪、兵庫、岡山、愛媛などの各都府県と、かなり広くの地方で行われた。たとえば、茨城県稲敷《いなしき》市古渡《ふっと》では、妊産婦の死は特に汚れたものであるとされ、その汚れを清めるために川の流れのあるところに四本の竹を立て、頭髪、櫛《くし》、鏡などをつり下げて、千人の女性に水をかけてもらわないと成仏できないとされていた。

また、出産以前に妊産婦が死亡した場合、妊産婦から胎児を取り出して「身二つ」にしてから埋葬する事例は神奈川、新潟、高知、鹿児島などの各県にみられた。たとえば、高知県吾川《あがわ》郡いの町神谷《ちょうこうのたに》では、妊産婦をそのまま埋葬すると胎児が邪魔になり、成仏せずにさまよいでたり、蘇生《そせい》したりすることもあるとして鎌で腹を切り開き、籾《もみ》がらを胎児のかわりに腹の中におさめて埋葬した。恩賜財団母子愛育会が編纂《へんさん》した『日本産育習俗資料集成』には妊産婦の死亡に関する全国二三三の事例が収録されているが、それらのうち全体の約二五％にあたる五八例が妊産婦を「身二つ」にして埋葬したとされている。なお、アイヌの民族誌を研究している更科源蔵《さらしなげんぞう》氏によれば、このような風習は北海道アイヌにもみられたものであるという。以上から「身二つ」にするという習俗は、日本各地でかなりの頻度で行われていたと考えてよいであろう。いずれにしても、妊娠中あるいは出産直後に死亡した女性を異常なものとみなし、特別な埋葬をしたことがうかがい知れる。

妊産婦を埋葬するときに特殊な方法を採用しているのは、日本だけではない。民族学者の大林太良《おおばやしたりょう》氏によれば、死亡した妊婦を埋葬する際にほかの埋葬とは異なった方法をとるという民族事例は、東南アジアにはきわめて一般的に分布しているとされる（注25）。たとえば、インドネシアのハルマヘラ島では妊婦の死体の両足を縛り、アンボン島では髪の毛を棺の内部に釘《くぎ》で固定し、腋《わき》の下に卵をはさみこむという。このような細工は、妊産婦が死霊としてさまよい歩くのを防ぐためであるとされている。

出産時に死亡した女性の霊がさまよい出てくるという話は、日本でも今昔《こんじやく》物語などに産女《うぶめ》として登場してくる。また、私が住んでいた松江《まつえ》には、亡くなった女性が棺桶《かんおけ》のなかで出産した赤ちゃんを養うために、三途《さんず》の川の渡し賃である六道銭《ろくどうせん》で飴《あめ》を買いに来るという「大雄寺《だいおうじ》の飴を買う幽霊」の話が伝わっている。これは小泉八雲《こいずみやくも》（ラフカディオ・ハーン）の著書『日本の面影』によって有名となったので、ご存知の方も多いだろう。類似した民話は京都府京都市東山区六道《ろくどう》の辻などのほか、各地にもあるという。これらのような、妊婦の死を異常なものとして、埋葬時にほかと異なった属性を付加するという民族誌は、地域や文化圏を超えて普遍的に存在するようだ。

一般的に民俗学の分野では、妊娠や出産そのものが血をともなう「穢《けが》れ（赤不浄）」であるとされている。「穢れ」た状態の女性がさらに死の「穢れ（黒不浄）」を引き起こすのであるから、妊産婦の埋葬時に通常の埋葬とは異なった扱いをするのは当然といえば当然だろう。しかし、妊産婦の死にまつわる民俗のなかには「妊産婦が死んだら血の池地獄に落ちる」といった中国の『仏説大蔵正教血盆経《ぶっせつだいぞうしょうぎょうけつぼんきょう》』の教えなど、室町時代以降に浸透した仏教思想の影響を多分に受けたものもあり、このような現代の民俗誌にみられる考え方が、そのまま直接的には縄文時代まで遡《さかのぼ》ると短絡的に考えることはできない。しかしその一方で、前述の検討結果からみて、少なくとも妊産婦の死を通常とは異なった「異常なもの」として扱うという考え方は、すでに縄文社会にも存在したと考えてもよいだろう。

縄文時代のイヌ

これまでの検討結果から、前述の女性は妊産婦であったがゆえに、顔面にイヌを乗せられて埋葬されるという特別な扱いを受けたということがわかった。だが、なぜイヌなのかという疑問が残る。

ここで縄文時代のイヌについて、すこし調べておこう。これまでに縄文時代の貝塚からは、おそらく数百頭のイヌが出土している。これらのイヌの多くは、ヒトの墓域の中に埋葬されたものである。縄文時代において、ヒトと同じように埋葬された動物には、トリ、イノシシ、シカなどに若干の例外はあるものの、基本的にはイヌしかいないといってよい。縄文時代におけるヒトとイヌのつながりには強いものがあったのだ。

このように、ヒトに近接して埋葬されているイヌの事例を集成すると、大変に興味深いことがわかる。さきにも述べたように、縄文時代、特に東北地方、関東地方といった東日本においては、墓域が男性の埋葬小群と女性のそれとに分離する傾向があるが、その場合、イヌの埋葬例はたいてい男性側に付随するのである。このことは、当時の社会においては男性とイヌが深い関係にあったということを示している。

左図は、世界各地の民族誌をもとにアメリカの社会学者G・マードック氏が示した生業《せいぎょう》活動および労働種別における男性と女性の性別分業のあり方である（注26）。これをみる

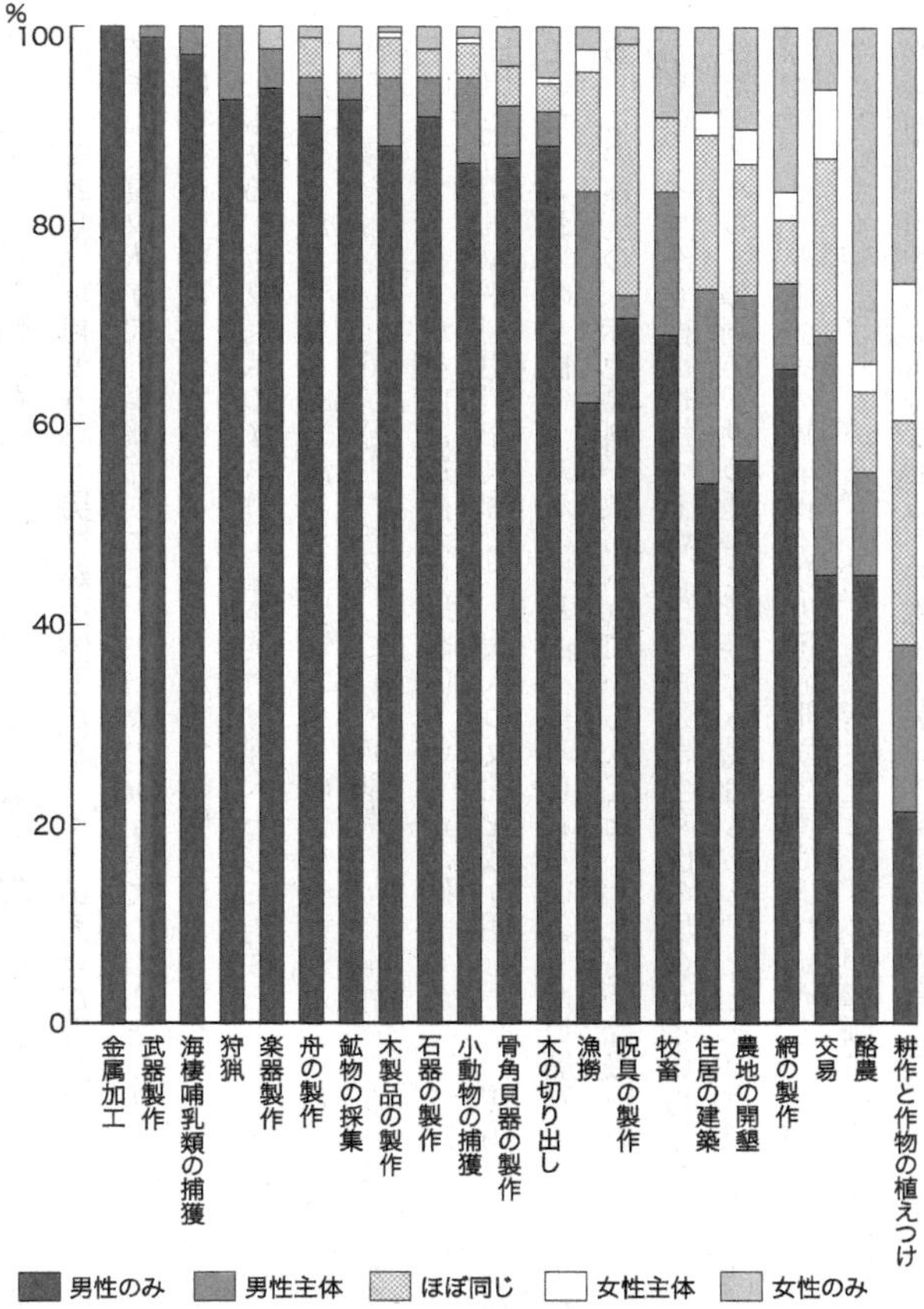

世界各地の民族における男女分業の割合[9]

と、グラフの左から順に右にいくにしたがって、女性の割合が増加していくことがわかるだろう。これらの項目のうち、男性が主体となり、イヌが大きな役割を果たしうるのは狩猟である。縄文人が狩猟採集漁撈《ぎょろう》によって日々の糧を得ていたことは明らかであるし、とりわけ狩猟が重要視されていたことは、これまでの研究によってつとに指摘されてきたところでもある。縄文時代のイヌは、基本的には猟犬として男性とともに狩猟に参加したことであろう。だとすると、当然ながら男性とイヌの結びつきが、より強かったことが予想される。おそらくそれが、男性に近接してイヌが埋葬された理由であると思われる。

その一方で、イヌが女性に近接する埋葬例もいくつか確認されている。たとえば、愛知県田原市吉胡貝塚や同伊川津《いかわづ》貝塚では、大人の女性を取り囲むように四頭のイヌが埋葬されていた。これらの女性は、ほかの埋葬例にはみられないような貝製腕飾を多数着装している、この事例のみ赤色顔料が散布されているなどといった特別な扱い方をされていた。どうやら、イヌが女性に近接する場合は、特殊な埋葬例の場合が多いらしい。

また、イヌの埋葬例が子供の埋葬に近接する場合もある。たとえば宮城県気仙沼市田柄《たがら》貝塚では、イヌが新生児の埋葬例を取り囲む形で埋葬されていたし、同様のことは伊川津貝塚においても確認されている。子供、特に新生児とイヌの埋葬例が近接する事例は、岩手県陸前高田《りくぜんたかた》市中沢浜《なかざわはま》貝塚などほかの遺跡においても確認できる。二〇〇五年には、前出の吉胡貝塚からも子供とイヌの合葬例が発見されている。

このようにみていくと、縄文時代のイヌは特別な場合に女性と関係性が強くなり、また幼い子供とも親和性の高いものであったことがうかがい知れるのである。

ただ、前浜貝塚の場合、イヌと女性が合葬されているというところが不思議である。女性が死亡したのとほぼ同時に、イヌが自然な形で死亡するということがあり得るだろうか。むしろ、これは呪術《じゅじゅつ》的な意味で、イヌを合葬のために意図的に殺したと考えた方が蓋然《がいぜん》性が高いのではないか。当時、動物を呪術的な意味で殉死させる風習が存在したことを物語る資料としても、本例は注目されるのである。

民俗誌にみるイヌ

実はイヌというのは、古来より出産や育児と大変に関係が深い動物だった。たとえば、妊婦が胎児をお腹の中で固定するために締める岩田帯《いわたおび》について、これを戌《いぬ》の日から締め始めると良いとされる事例は日本の各地でみることができるものである。これはイヌのお産は軽いので、それにあやかった風習だとされる。また、難産のときはイヌの糞《ふん》を紙につつんで妊婦に気がつかれないようにして頭につけるとよいとされたり、生まれたばかりの赤ちゃんの額に墨で犬と書き、イヌのように丈夫に健やかに育つように祈願するところもある。子供の枕元に犬張り子を置くとよく育つという俗信も、多く聞かれるものである（注27）。

こうしてみると、イヌという動物は伝統社会においても古来より子供や女性の妊娠・出産と非常に強いつながりを持つものだということがおわかりいただけるだろう。

その一方で、イヌと人の死にまつわる俗信も多い。たとえば、イヌがよく遠吠《とおぼ》えをすると死者が出る、不幸があるといった話を聞いたことのある人も多いだろう。また、イヌが死者の道案内をしてくれるという信仰もある。

さきに縄文時代のイヌは女性や子供と特別なあり方をするということを指摘した。このことと伝統社会におけるイヌ（犬・戌）の俗信との間に関連性がありそうだということは、読者の皆さんも容易に想像がつくことであろう。この点はきわめて示唆的である。日本の基層文化を形成した縄文時代の人々の有していた考え方が、時空を超えて後世の人々にまで伝承されているということはないのだろうか。前浜貝塚の場合、イヌが妊産婦をさまざまな形で保護したり、あるいは迷って出てこないように番犬として、あるいは彼女が迷わず「あの世」に行くことができるように道案内の役割を期待したのかもしれない。

彼女が埋葬されるときには、赤色顔料（赤い色の粉）が振りかけられたようだ。報告書によれば、彼女の左の鎖骨《さこつ》やその周辺の椎骨《ついこつ》に赤い朱が発見されたとされている。

この赤色顔料、実は北海道から東北地方の晩期のお墓からは、かなりの頻度で発見されている。埋葬時に行われた当時の一般的な風習だったのであろう。ではなぜ、赤い粉を振りかけたのであろうか。

この赤色顔料は、血液のメタファー（暗喩《あんゆ》）であったとする考え方がある。たしかに赤は血液を連想させる。血液や骨から動物が再生するとする考え方はユーラシアの北方狩猟民をはじめとして、多くの民族誌のなかにもみることのできるものである（注28）。縄文時代の埋葬例に赤色顔料の散布がみられるのも、おそらくこの風習と関係しているのであろう。

前浜貝塚の女性との対面

一九九四年に縄文時代の妊産婦の埋葬例について論文を発表した後、二〇〇一年に宮城県多賀城市《たがじょうし》にある東北歴史博物館を訪ねた。前浜貝塚の彼女に会うためである。担当していただいた学芸員の菊地逸夫さんは、前もって机の上に彼女の遺骨を出しておいてくれた。一見してきゃしゃな女性であった。

人間が身体を動かすためには筋肉が必要である。この筋肉は骨とつながっており、この筋肉が伸びたり縮んだりすることによって、手足の骨を関節面から曲げ伸ばしすることができるようになっている。一般に力の強い人は筋肉が太く発達している。ただし、筋肉だけが発達していても手足を力強く動かすことはできない。筋肉だけが強靭《きょうじん》でも骨がもろければ、強い力が加わったときに骨が折れてしまう。強い筋肉を有効に使うためには、それなりの太さ、頑丈さをもった骨が必要となる。また、筋肉が強くなればなるほど、骨と筋肉が接着している部分、これを筋粗面《きんそめん》というが、この筋粗面にしっかりと筋肉が付いていないと、筋肉の伸縮を骨に伝えることができず、筋肉が根元から切れてしまうこともあり得る。筋肉がしっかりと骨に付着するためには、筋粗面を発達させて、筋肉と骨の接着部の面積を大きくしなくてはならない。したがって、強い筋肉を持つ人ほど筋粗面は非常に大きく発達しているのである。オリンピックのレスリング競技に出場するような選手では、骨が一部盛り上がるほどにまで筋粗面が発達している場合もある。人類学では、筋粗面にみることのできるこのような特徴を利用して、いまは骨となってしまった故人がどのような体つきだったのか、筋肉隆々のタイプだったのか、それともきゃしゃなタイプだったのかを推定する。具体的には、上腕骨の外側の部分にあり、上腕骨と三角筋《さんかくきん》をつないでいる三角筋粗面や、大腿骨の裏側にあり、殿筋《でんきん》と大腿骨をつなげる殿筋粗面などを観察することによって、その人の体つきを判断することが多い。前浜具塚の彼女は、三角筋粗面も殿筋粗面もさほどには発達していない、きゃしゃな女性であった。

また、四肢骨のうち、たとえば上腕骨や大腿骨、脛骨などが完全な形で遺存していれば、その長さから生前の身長を推定することができる。残念ながら彼女の大腿骨や脛骨は一部破損してしまっていたが、幸いなことに上腕骨はほぼ完全な形で残っていた。

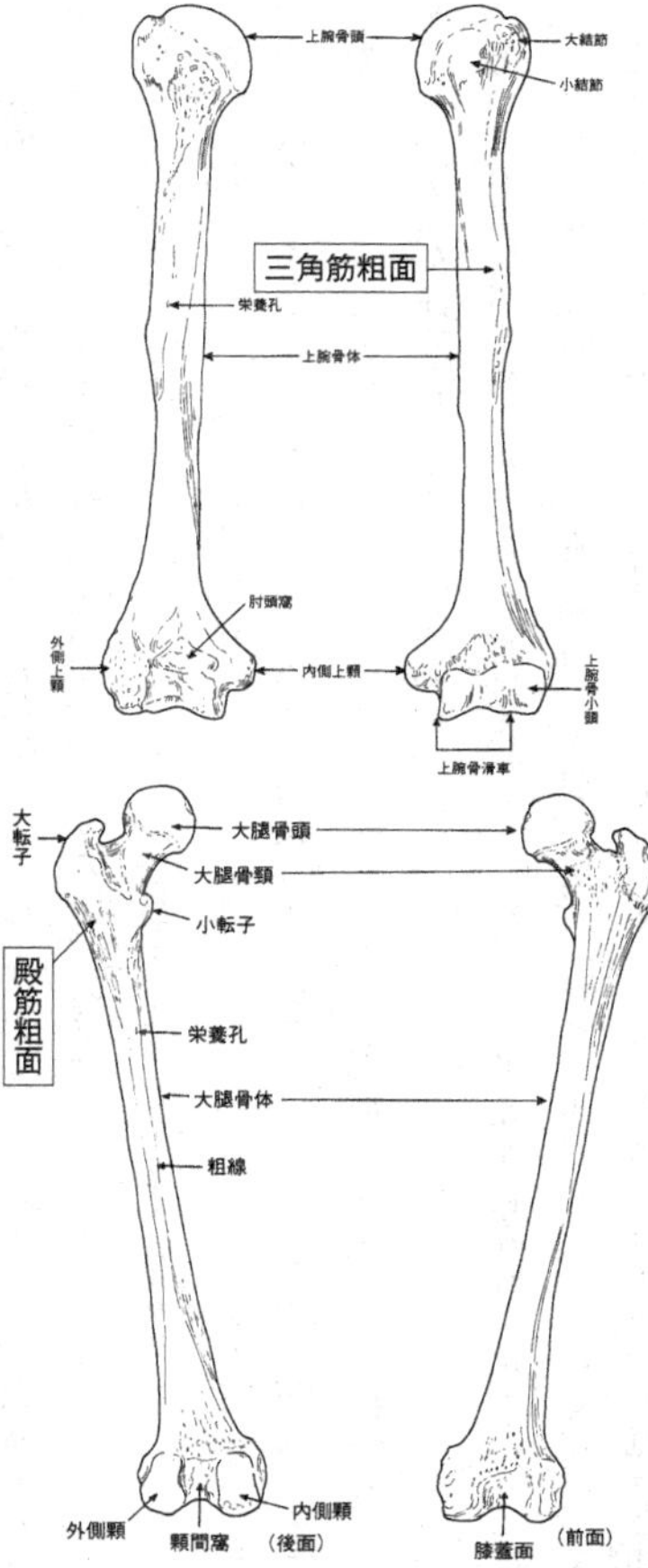

三角筋粗面と殿筋粗面の位置[2]

上腕骨の長さから身長を推定するにはいくつかの方法がある。たとえば、日本人の身長を推定するのによく用いられる公式の一つである藤井《ふじい》の式では次のようになる。

推定身長（ミリメートル）＝2・38×右上腕骨最大長＋813・02

彼女の場合、右上腕骨の最大値は二六六ミリメートルであるので、その推定身長は約一四四・六センチとなる。これまでの研究で縄文時代の女性の平均身長が約一四八センチ程度であるということがわかっているので（注29）、それと比較すると、彼女は縄文人のなかでも小柄な女性であったことになる。

そして寛骨《かんこつ》に目をやったとき、私は予想していた通り、彼女が経産婦であったことに気がついた。この寛骨は、もともと腸骨《ちょうこつ》、坐骨《ざこつ》、恥骨《ちこつ》の三つの骨が年を経るにしたがって、しだいに癒着していき、一つの骨となったものである。この三つの骨からなる寛骨と仙骨《せんこつ》をあわせて骨盤とよぶ。その骨盤を形作る骨の一つである腸骨に妊娠した痕《あと》が残されていたのだ。

この妊娠した痕は、人類学的には耳状面前溝《じじようめんぜんこう》とよばれる。仙骨と腸骨の結合面のことを耳状面と呼ぶが、その結合面の下端部分にある大きな溝のことだ。男性や妊娠経験のない女性にはほとんど存在せず、経産婦に多くみられることから妊娠痕《こん》ともよばれている。これは、お腹の中で赤ちゃんが大きくなると骨盤が圧迫され、仙骨と腸骨の関節面に負荷が

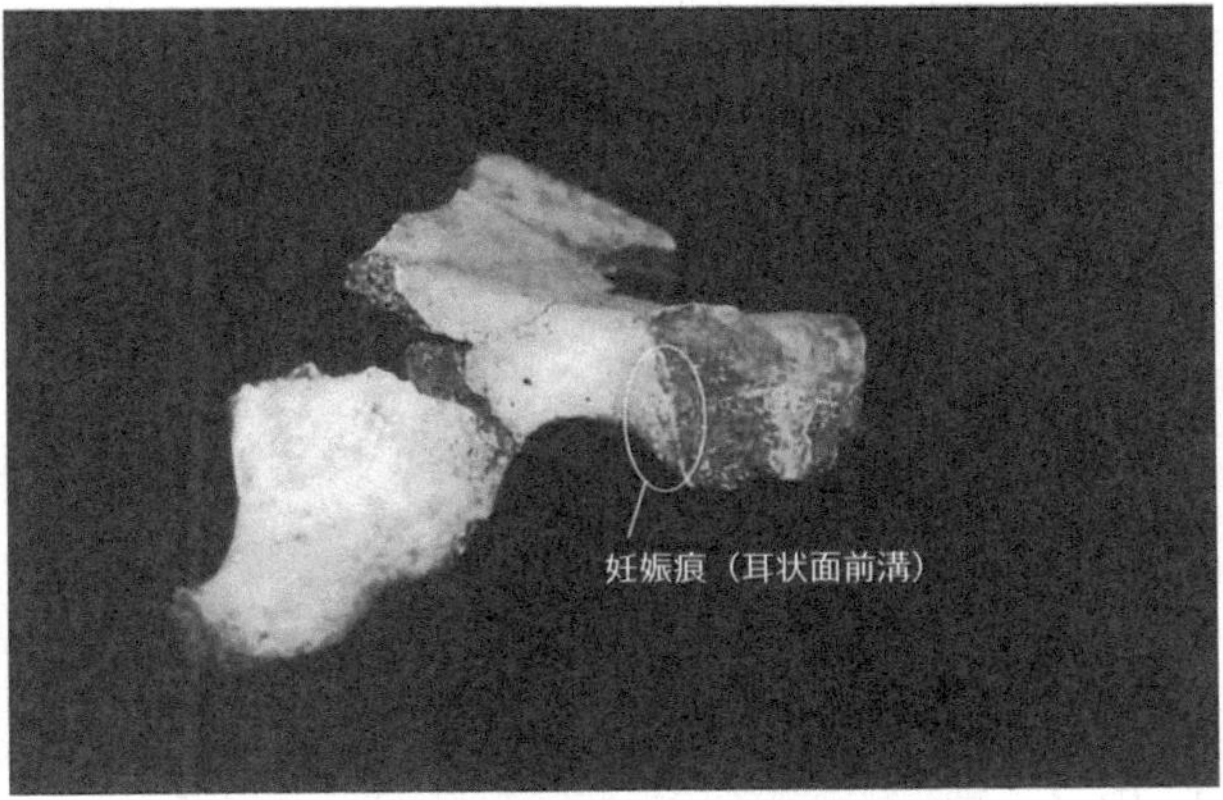

前浜貝塚出土人骨にみられる妊娠痕（著者撮影）

かかり、その部分が骨変形を起こすことによって生じると考えられている。

彼女にはやや浅いながらも明瞭《めいりょう》な妊娠痕があった。やはり、出産時の事故で亡くなったと考えるのが妥当だろう。ただ、彼女は骨盤（寛骨）を形作る骨がすべて癒合はしていなかった。また、四肢骨の骨端部も完全には癒合していなかった。これらの部位は、大体二〇歳前後までにはすべて癒合するはずのものである。彼女は本当に、まだうら若き乙女だったのだろう。

彼女の顔面の骨をみると、額と頬が張り、鼻がやや高い顔立ちだったこともわかった。これは縄文人一般にみられる特徴でもある。よく縄文人の復顔図として、二重まぶたで頬の張った、鼻の高い顔が描かれているが、あ

縄文女性の復顔図[10]
（石井礼子画）

れは骨から得られた顔立ちに関する情報と、それに似通った特徴を持つアイヌの人々など、各地の既知の民族の顔立ちを考慮して復元されたものだ。目が大きくて二重まぶた。頬が張り、鼻のやや高い、小柄できゃしゃな女性。いまの芸能人でいうと、元モーニング娘。の矢口《やぐち》真里《まり》さんなどがイメージできるだろうか（Wikipedia によれば、矢口さんの身長は一四四・八センチということだから、身長はぴったり。ただし彼女はダンサーでもあったので決してきゃしゃではないが）。

彼女はいまから三〇〇〇年ほど前の縄文時代に東北地方のあるムラで生まれ育ち、一五歳の頃に成人式を迎えた。その後すぐに結婚して、あまり月日をおかずに懐妊した。そして妊娠十か月目に入ったというころ、出産に臨み、赤ちゃんを産んだ。しかし、彼女自身は出産時の事故によって亡くなってしまい、そして命を懸けて産み落とした赤ちゃんもまた、残念ながら亡くなってしまった。享年一七歳。その後、母子ともに近接したお墓に埋葬されたのであった。埋葬するとき、家族たちは彼女の再生を願い、血液のメタファーである赤色顔料を遺体にまき、そして妊産婦の死亡という非常事態に呪術的に対応するために、オスのイヌを殉死させ顔の上に乗せた。そして、土壙に近接して赤ちゃんを、これまた再生を願って土器に入れて埋葬した。亡くなった彼女の思い、そして残された家族の悲しみはいかばかりであったろうか。しかし、それを知る術《すべ》はない。ただ、私たちが想像するばかりである。

追　記

前浜貝塚出土の青年期女性人骨の腸骨に存在する耳状面前溝について、これを妊娠痕と見ることは難しいとする説がある。しかし、妊娠痕の形成要因が子宮内における胎児の発育によって骨盤に負担がかかるための骨変形だとするならば、まだ仙骨と腸骨が完全に癒合しきっていない若年者においては、耳状面前溝が妊娠痕か否かを判断することと自体が難しいことになる。この点については現在専門家を交えて検討中であるが、現在のところ本章全体における見解の修正は必要ないと考えている。

第三章　病魔との戦い——縄文時代の医療

イノシシの首飾をした女性

宮野《みやの》貝塚は岩手県大船渡《おおふなと》市に所在し、三陸《さんりく》鉄道南リアス線綾里《りょうり》駅前に広がる台地上に立地する。北には綾里富士《ふじ》、東南側には立石山《たていしやま》、東と南には入り組んだ湾が展開する、なかなか風光明媚《めいび》な場所である。大船渡市教育委員会の金野良一さんにご案内いただき、私がこの貝塚を訪れたのは二〇〇二年の九月のことであった。目的は、綾里駅内で「彼女」に会うためである。年のころは、三〇代後半位。人類学的な区分でいうと壮年期後半にあたる女性だ。おそらくすでに結婚して、ミセスになっていたに違いない。骨盤が残されていないので、妊娠痕《こん》の有無は確かめられなかったが、ひょっとしたら子供も何人かいたかもしれない。彼女とよぶのは失礼かもしれないが、ここでは親しみを込めて彼女とよばせてもらおう。彼女の下顎《かがく》の左側の奥歯、第二小臼歯《きゅうし》から第三大臼歯までの歯が歯周病によって脱落しており、歯槽の吸収が確認される。さぞや痛かったことだろうし、おそらく口臭も強かったかもしれない。現在はF地区出土人骨という無味乾燥な名前がつけられた、そんな彼女に松江《まつえ》からわざわざ会いに行ったのは、彼女がイノシシの犬歯や切歯《せっし》、動物の骨

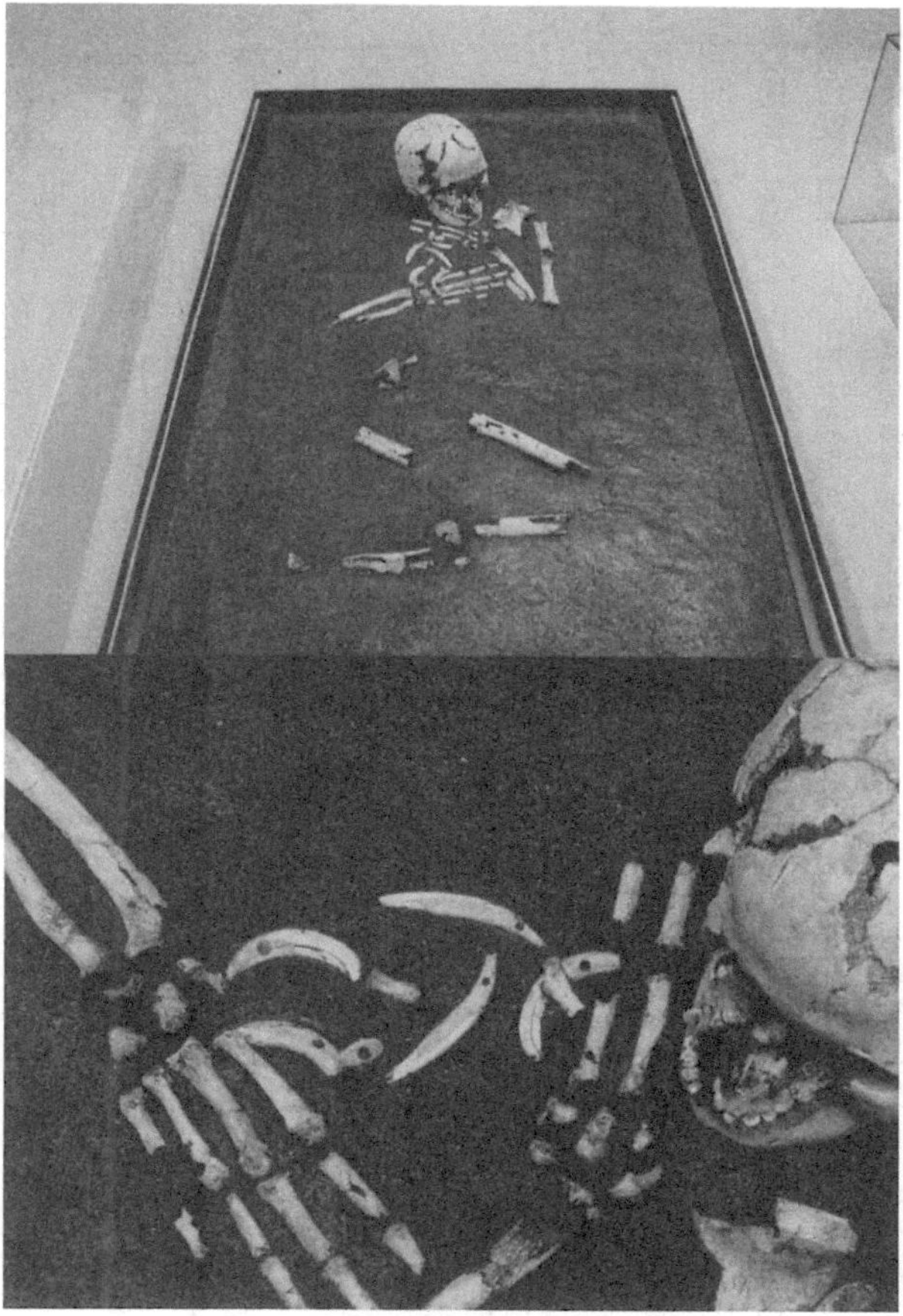

宮野貝塚人骨出土状況の復元（著者撮影）

などからできた、大変立派な首飾をしていたからであった。

人骨から性別と年齢を推定する

ここまで読んできて、なぜ人骨から性別や年齢がわかるのか、疑問にもたれた読者もいたかもしれない。実際、私が一般の方を対象に縄文時代のお墓について話をするとき、よく訊《たず》ねられるのが、人骨を見てどうして性別と年齢がわかるのですかということだ。

性別を推定するのは簡単だ。あてずっぽうにいっても二分の一の確率で正解を得ることができる。だが、そのようなやり方は人類学では通用しない。出土した人骨が男性であるか、女性であるか判断するのにもっとも雄弁な部位は骨盤である。女性の骨盤は、子供を産むという生物学的な特性のために、男性とは形状が少々異なっているからだ。骨盤のなかでも注目すべき場所は左右の恥骨が接合する部分（恥骨弓《ちこつきゆう》）の角度（恥骨下角《ちこつかかく》）だ。この角度が相対的に小さければ男性、大きければ女性だ。この恥骨下角の大きさを感覚的に判断する方法がある。試しに右手、もしくは左手どちらでも、親指、人差指、中指の三本の指を、手をグーに握った状態から思い切り広げて欲しい。このとき、人差指と中指のなす角度が男性、人差指と親指がなす角度が女性とされる。必ずしも厳密なものではないが、感覚的なものとして覚えておいて損はない。ただし、この恥骨の部分は、古人骨では

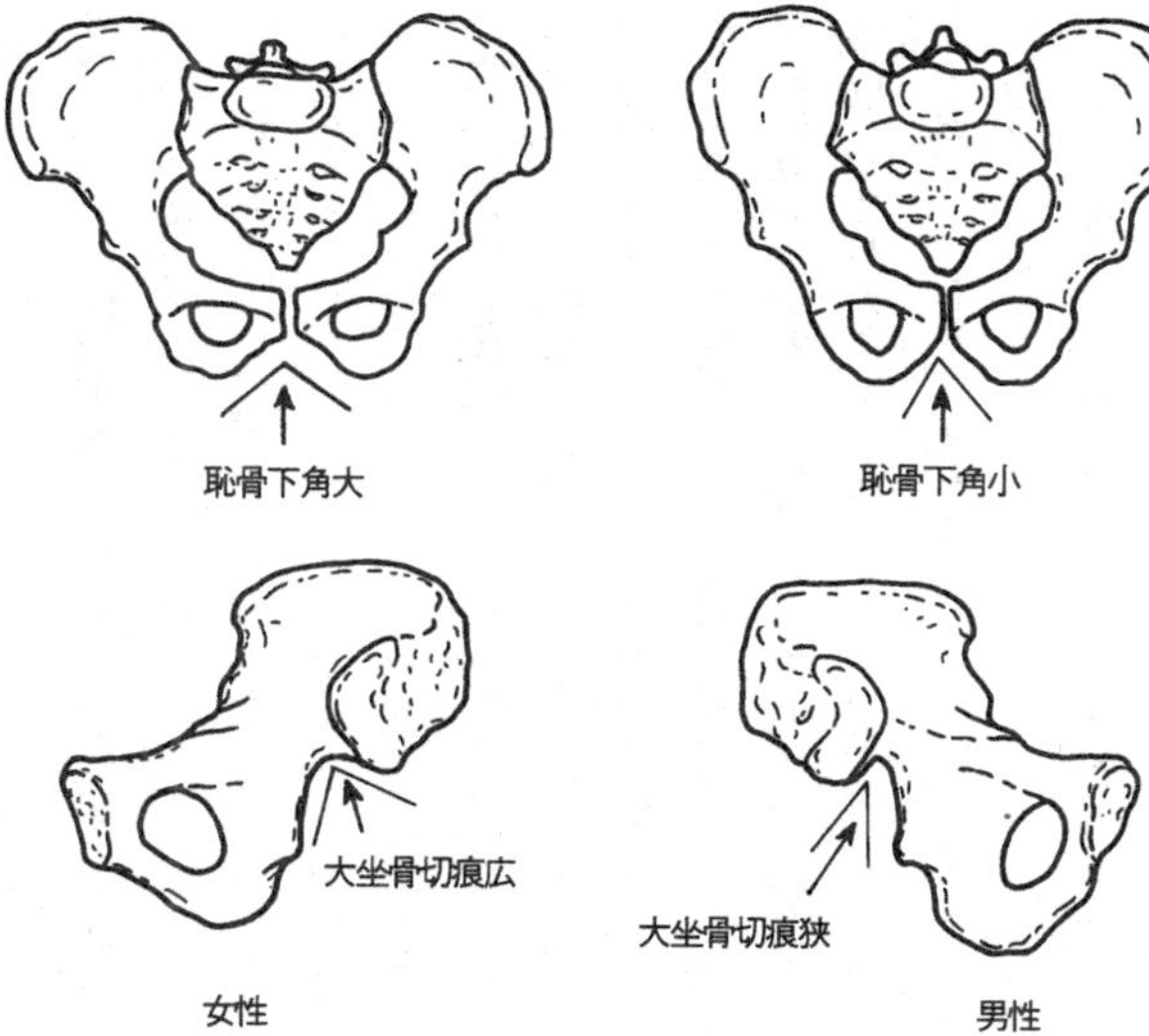

男性と女性の骨盤形状の違い[2]

大変もろく、発掘現場でも取り上げることが難しいので、恥骨下角から判断することができないことも多い。恥骨下角と同じくらい注目されるのが、大坐《だいざ》骨切痕《こっせっこん》の角度である。恥骨下角の場合と同じように、相対的に大きければ女性、小さければ男性である。ここでも例の「三本指の指標」が役に立つ。また、この大坐骨切痕の上側の部分、腸骨《ちょうこつ》と仙骨《せんこつ》の結合面である耳状面の下端に耳状面前溝《じじょうめんぜんこう》、いわゆる妊娠痕があれば、その人骨が女性である可能性は、きわめて高くなる。

骨盤以外で、性差が大きく現れるのが頭蓋《とうがい》である。男性の場合、目が入る穴（眼窩《がんか》）の上の眉弓《びきゅう》の部分が強く発達し、盛り上がっている。眉弓のことを眉上弓《びじょうきゅう》とか眼窩上隆起《がんかじょうりゅうき》と呼ぶ場合もある。その盛り上がりに引っ張られるからであろうか、男性では眉弓の上の額の部分の立ち上がり方が斜めになる。芸能人でいえば、ダウンタウンの松本人志《まつもとひとし》さんや、くりぃむしちゅーの有田哲平《ありたてっぺい》さんのおでこの形が典型的だ。ちなみに男性も中年になり、毛の生え際が少し後退すると急に額が大きくなったように見えるのは、額が後方へ斜めに傾斜しているからである。ですから世の中のオジ様方ご安心を。それは決して「ハゲた」のではありません。頭の形がなせる自然なことなのです。

これに対して女性の場合、眉弓の発達はさほど強くなく、そのせいか額の部分がほぼまっすぐに立ち上がる。この額の部分には前頭結節《ぜんとうけっせつ》という点状の膨らみが左右にあり、女性の場合、ここが大きく発達しているのが特徴だ。たとえば歌手の安室奈美恵《あむろなみえ》さんや女優の宮沢《みやざわ》りえさん、仲間由紀恵《なかまゆきえ》さんのおでこの部分を見てほしい。すぐに納得してもらえるはずである。

このことを覚えておくと、テレビ番組などでよくやっている、女性のなかに女装した男性が紛れ込んでいて、それを探し出すという企画などには、比較的簡単に回答することができる。ただし、最近では番組制作側、あるいは女装した男性側もこの点は心得ていて、前髪を垂らして額をあまり出さないようにしたり、なかにはコラーゲンを注入して頭の形を変えてしまう剛の者もいる。

頭蓋においてその次に性差をよく表すのが、後頭部にある外後頭隆起《がいこうとうりゅうき》である。たとえば爆風《ばくふう》スランプで数々のヒット曲を出したサンプラザ中野《なかの》くんさんや、叙情的な歌で一時代を確立した松山千春《まつやまちはる》さん、プロレスラーの武藤敬司《むとうけいじ》さんなど、スキンヘッドの人を後ろから見てみると頭と首の境界あたりに強くくっきりとした横線が入っていることに気がつくだろう。ちょうどあの位置が外後頭隆起の場所である。この付近には僧帽筋《そうぼうきん》や、頭板状筋《とうばんじょうきん》、頭半棘筋《とうはんきょくきん》など多くの筋肉が付着する。筋肉が発達していれば、その付着部位も発達する。相対的に女性よりも男性の方が筋肉は発達しているので、この外後頭隆起も男性の方が発達しており、そこから性別鑑定を行うのである。

このほか、乳様突起《にゅうようとっき》の大きさで、男性と女性を判断する方法がある。乳様突起とは耳の穴の後ろ側にある突起である。実際、触ってみるとゴリゴリした感触とともに突起の存在を確認できるだろう。ここには鎖骨の内側からつながる胸鎖乳突筋《きょうさにゅうとつきん》が付着する。男性ではここが大きい傾向があり、女性では小さい傾向がある。ただし、前述の外後頭隆起もそうだが、筋肉の相対的発達度合によって男女の判断をするものなので、一概に大きければ男性、小さければ女性といえるものでもない。このことを人類学者は「乳様突起は嘘をつく」という。

注意しないといけないのは、いま挙げた五つの指標は、男性の方が女性よりも筋肉が発達しがっちりとしているということを前提とした相対的な枠組みのなかでのみ有効であるという点だ。なかにはもちろん例外もある。オリンピックに出場する重量挙げの女子選手は、おそらく私よりも筋肉が発達し、がっちりとしていることであろう。訓練を積んだ人類学者でも、一〇体人骨をならべたら、二体ないし三体は判定に迷うというのが普通なのだ。したがって、これらの指標はそれぞれ単独で用いるべきものではなく、しっかりと比較して総合的に判断しなくてはならない。また、おもしろいのが、鑑定者の性別が古人骨の性別鑑定時のバイアスになっている可能性だ。元京都大学の茂原信生《しげはらのぶお》氏によれば、古人骨の性別判断に迷ったとき、男性の人類学者は男性と、女性の人類学者は女性と判断しがちだという。今後、人骨資料を取り扱うときにはこの点も注意する必要があるかもしれない。

確率二分の一の性別判定と比べ、年齢判定は極端にむずかしくなる。ましてや子供のときを除き、一歳刻みの判定など非常に難しい。

成長過程にある子供の場合、もちろんなかには例外もあるが、歯の生え方で大体の年齢

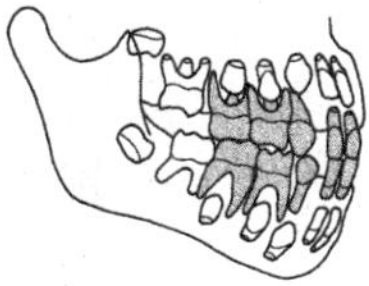

6歳から8歳前後
・永久歯第１大臼歯が生えています。
・永久歯切歯は、生えてくるための準備ができています。
・永久歯第２大臼歯は、生えてくるための準備ができつつあります。

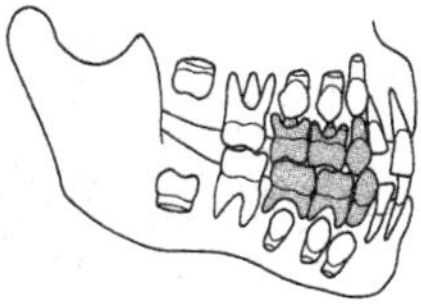

8歳から10歳前後
・永久歯切歯が生えています。
・永久歯第１大臼歯の歯根が完成しています。
・永久歯犬歯・小臼歯・第２大臼歯の歯根が完成しつつあります。

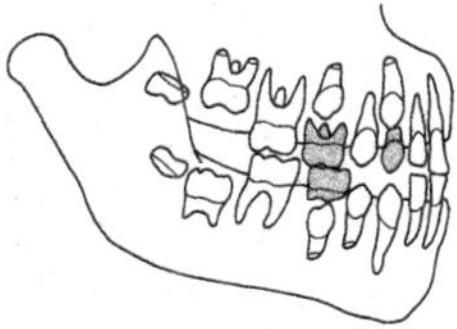

10歳から12歳前後
・乳歯はほとんどなくなります。
・永久歯第３大臼歯が生えてくるための準備ができつつあります。

年齢による歯の萌出・形成状況（幼児期〜小児期）[2]

を知ることができる。乳歯が、生後半年ほどで生え始め、永久歯が六歳ころに萌出《ほうしゅつ》を開始することは、読者のみなさんもご存知だろう。乳歯や永久歯は歯の萌出順序が決まっているので、どの歯が生えているか、あるいは顎《あご》の中でどの歯が作られているかということを調べることによって、ある程度の年齢を鑑定することができる。一番萌出が遅い歯は第三大臼歯である。この歯は通常一八歳をすぎてから萌出を始める。ちなみに近代以前の伝統社会では寿命が短かったため、第三大臼歯は萌出するころには親が亡くなっていたということも多かった。そこでこの歯のことを「親知らず」というとする説が有力だ。

歯の萌出状況を調べると、二〇歳ぐらいまでの若い人骨ならば、大体の年齢を知ることができる。このほか、歯に関しては、そのすり減り度合い（咬耗度《こうもう》）によって年齢を推定する方法もあるが、これは何を食べていたのかという摂取食物の種類や環境、歯を道具として使うなどの文化的背景によっても大きく左右されるので、あまり有効な方法ではない場合がある。

歯の萌出とともによく使用される方法が四肢骨等の骨端部の骨化状況である。左図は四肢骨の骨端部の骨化が大体何歳くらいに起こるかを示したものである。骨端部が骨化、癒合すると骨はそれ以上大きくはならなくなり、身長もそれ以上には伸びなくなる。

歯の萌出状況と四肢骨骨端部の癒合状況、まだ年齢的に若い人骨であれば、この二つを総合的に判断して大体の年齢を推定することができる。さきに取り上げた前浜《まえはま》貝塚の場合もそうだ。

しかし、成長期が過ぎ、骨が加齢による変化以外にしない年齢段階になると、推定できる年齢幅はぐっと広くなる。壮年期（二〇～四〇歳くらいまで）以降の年齢を判断するのによく用いられるのが、頭蓋の縫合線の閉鎖状況である。頭蓋には冠状《かんじょう》縫合、矢状《しじょう》縫合、ラムダ縫合の大きくわけて三つの縫合線があり、本来は前頭骨、頭頂骨、後頭骨に分かれている。このほか、側頭鱗《そくとうりん》によって、側頭骨も分離している。さきに挙げた三つの縫合線を三主縫合線とよぶ。三主縫合線は加齢とともに内板側（頭蓋の内側）からだんだんと癒合していく。壮年期の場合だとまださほど癒合は進んでおらず、縫合線は開離した状態にある。ところが熟年期（四〇〜六〇歳くらいまで）になると、内板側から癒合が進行し、

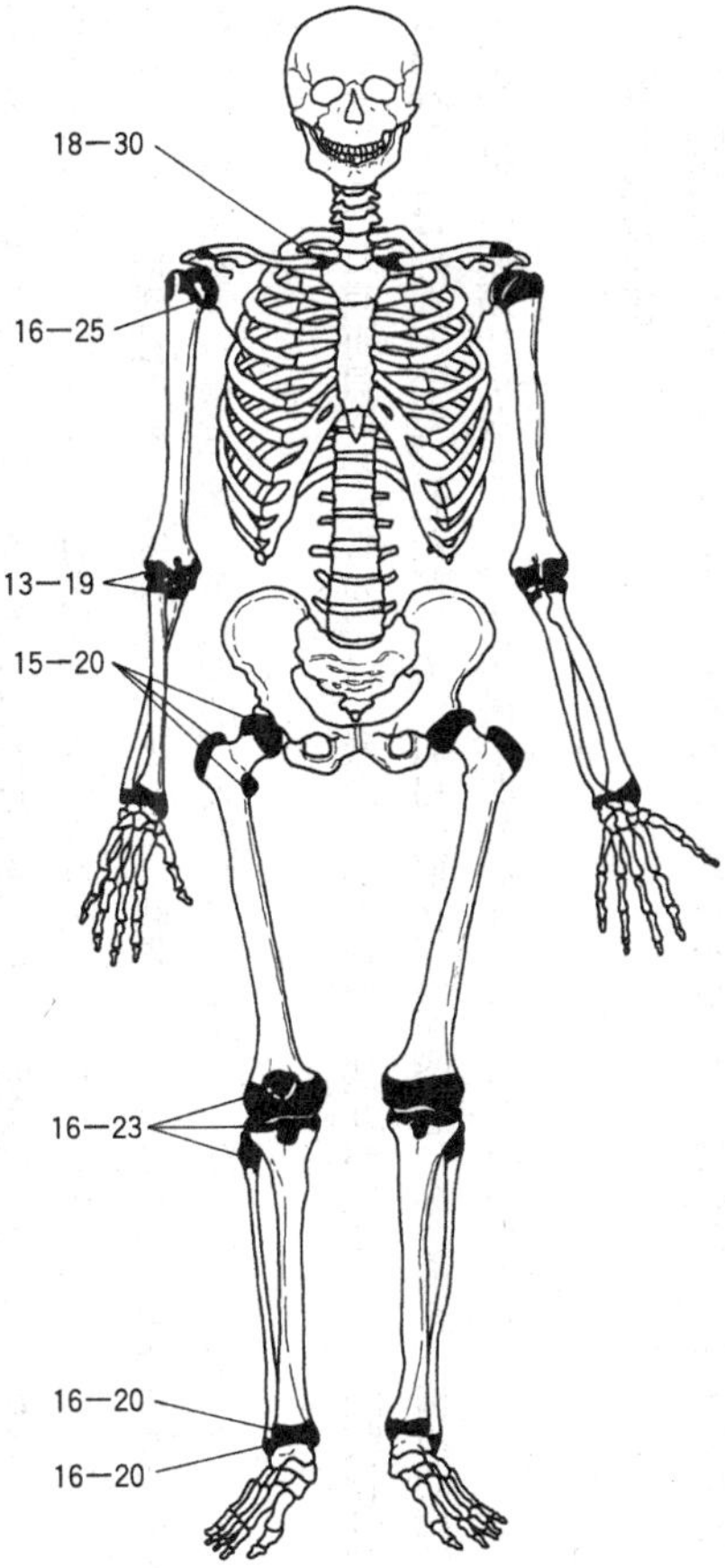

四肢骨における骨端の癒合年齢[2]

老年期（六〇歳以上）になると、癒合は外板にまで達し、頭蓋は一つの骨となる。こうなると頭のギザギザはほとんど消失し、つるつるのヘルメットのようになる。

このほか、信頼性のある年齢推定方法としては恥骨結合面の形状を利用する方法がある。ただし、縄文人骨の場合、多くが恥骨部を欠損しているので、なかなか鑑定をすることが難しい。

さきに挙げた宮野貝塚の人骨の場合、残念ながら骨盤の残りが悪く、また四肢骨骨端部も遺存してはいなかった。したがって、眉弓の形状、後頭隆起の発達度合、歯の萌出状況、三主縫合線の閉鎖状況などから、壮年後半期の女性と鑑定されたのである。

装身具の着装理由

縄文時代の人々もアクセサリー、すなわち装身具を身に付けていた。当時の装身具には頭飾、耳飾、首飾、腕飾、腰飾、足飾などがあり、その材質もヒスイ、こはく、二枚貝、動物の犬歯や爪など多様性に富んでいる。ちなみにこれらの材質を使用した装身具は都会のアクセサリーショップに行けば、簡単に入手できる。宝石類や貴金属類を除けば、今も昔も装身具に使用される材料はあまり変わらないということなのだろう。

しかし、現代のアクセサリーと縄文時代の装身具の大きな、そして根本的な違いは、縄

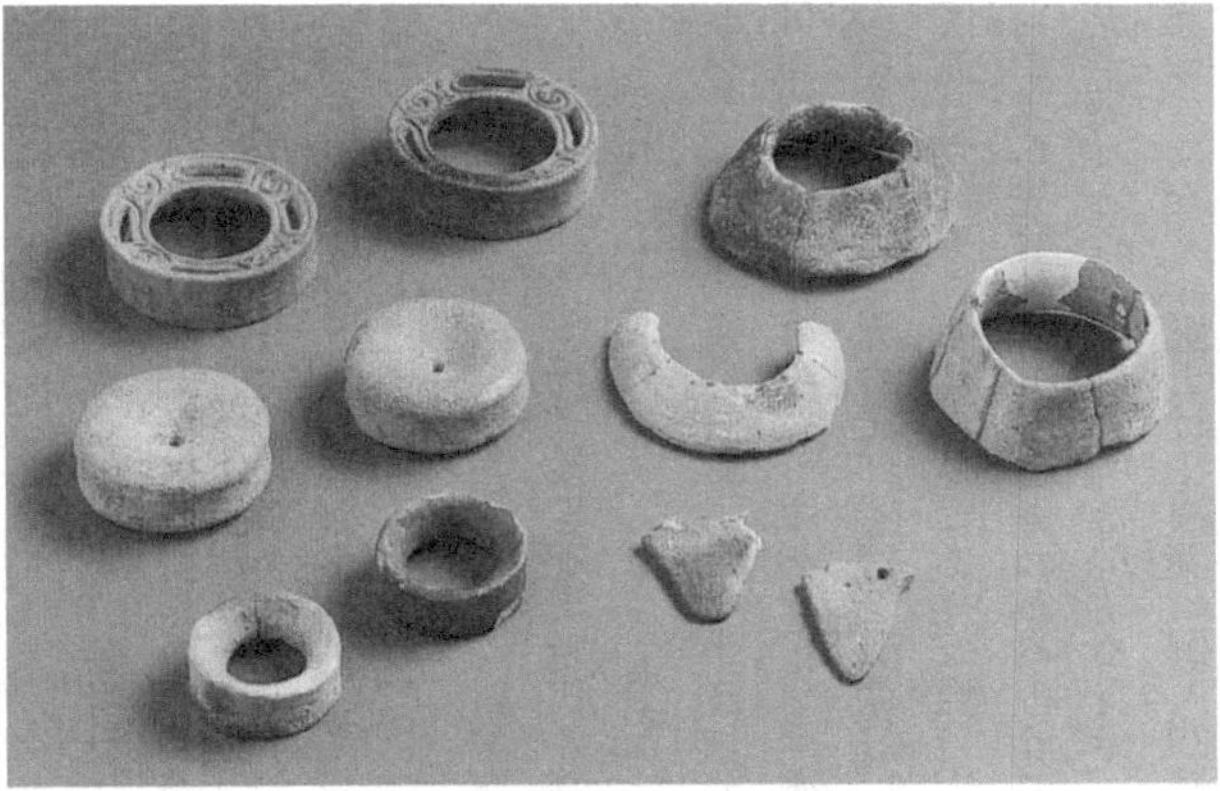

縄文時代の土製装身具[11]（栃木県寺野東遺跡出土）

文時代の場合、着装できる人が限定されていたということである。通常、伝統的未開社会においては、個人的な嗜好《しこう》や趣味だけ、つまりカッコいいとかカワイイといった理由だけで装身具を着装することはほとんどない。装身具の着装は、帰属する集団や社会の慣習として、それも強制力をもった慣習として存在することが多い。したがって、縄文時代における装身具の着装意義を調べるということは、その社会のあり方を知る重要な鍵《かぎ》となりうるのだ。たとえば、縄文時代には土製の耳飾(写真左6点）があるが、これは子供の墓にともなうことはない。つまり、耳飾の着装は大人にのみ許された行為であったと考えることができる。この点から、縄文時代においては大人と子供をはっきりと区別する社会が存在したことを想定しうるのである。

さて、そういった見地から、装身具についてはこれまでにも多くの研究が行われてきた。たとえば元国立歴史民俗博物館の春成秀爾《はるなりひでじ》氏は装身具着装の意義を、まず社会構成員を大人と子供に区別し、次に既婚者を身内と婚入者とに区分するとともに身内を男性と女性に区分し、さらに大人を年齢階梯《かいてい》によって区分するものであったと述べている（注30）。つまり、装身具は、単なるアクセサリーではなく、大人と子供、男性と女性、その集団出身者と婚入者との区分を表すものなのである。

熊本大学の木下尚子《きのしたなおこ》氏も縄文時代の装身具のあり方について、興味深い考察を加えている（注31）。木下氏によると、牙玉《きばたま》や勾玉《まがたま》といった鉤《かぎ》のある玉類は、魂を体に結び留めておいたり、引っ掛けておいたりするための呪物《じゅぶつ》である。また、女性が着装することの多い貝製腕飾は、貝の身にヘモグロビン（赤血球などにもみられる赤い成分）を含有するものが多いことから、赤のイメージと関係し、女性の生理にかかわる装身具で、これと対照的に腰飾は主に男性の装身具であり、出自集団を守る集落レベルの装身具であるとされている。

これら先賢の研究からもわかるように、縄文時代における装身具着装の意義については老若男女といった社会的な地位や身分、出自などの社会構造に関連づけられて議論されるだけではなく、魔よけや鎮魂、個人的経験の有無など、多様にとらえられていることがわかる。さて宮野貝塚の女性の場合は、どうであろうか。

首に観察された関節異常

宮野貝塚の女性の場合、なんといっても注目されるのは首から下げられたイノシシの歯《し》牙《が》製の首飾だ。ところが、非常に興味深いことに、この女性の首の部分からは骨病変がみつかったのである。

さきにも述べたが、彼女は壮年期後半の女性である。また、周辺の状況から縄文時代の中期に亡くなったということもわかっている。いまから五〇〇〇年くらい前のことであろうか。二〇〇二年当時は保存処理がなされて、綾里駅の展示室にあるアクリル製のケースの中で眠っていた。発見時の遺骨の保存状態はあまりよくなかったらしく、展示されている遺骨には、脊椎《せきつい》（頸椎《けいつい》・胸椎・腰椎）のほか、骨盤などが存在しない。もともとこれらの骨には緻密質《ちみつしつ》という固い部分はあまり存在しない。むしろ、骨の強度を保持したままで、軽量化を図るため、内部はスポンジのように多孔質になっている。そのため、縄文人骨のように古い骨の場合、大抵はボロボロになってしまい、発掘現場で確認はできてもそれをそのままの形で土壙《どこう》からとりあげて研究室に持って帰るということはなかなか難しいのだ。

これとは逆に、頭蓋や四肢骨では緻密質の部分が多いので、脊椎や骨盤と比較すると保存状態のよい場合が多い。硬いものがよく残るということは、容易に想像がつくだろう。だが、彼女の場合、残念ながら上腕骨や大腿骨《だいたいこつ》、脛骨《けいこつ》など主要な四肢骨でさえも完形をとどめているものはなかった。発見時点でよほど傷んでいたのであろう。

彼女は頭を北に向け、左手を下に、右手を上にして胸の前で手を交差させていた。両足をそろえて股関節《こかんせつ》で緩く、膝関節《ひざかんせつ》のところで強く曲げていた。いわゆる仰臥屈葬《ぎょうがくっそう》で、股関節を緩く曲げるという姿勢は東北地方において多くみられるものである。このあたりは、通常の埋葬例となんら異なるところはない。

同行した学生さんに手伝ってもらい、彼女が眠るアクリルケースの蓋《ふた》をあけた。彼女の頭蓋を調べてみると、両方の耳の穴のところに骨の異常な増殖があることに気がついた。これは外耳道骨腫《がいじどうこつしゅ》と呼ばれるもので、海女《あま》さんやダイバーのような潜水を生業《なりわい》とする人に多くみられることから、ダイバーズイヤー（divers'ear）ともいわれている。潜水時に耳にうける刺激によって発生するものとされており、三陸海岸沿岸の貝塚からは、外耳道骨腫のある人骨が多数発見されている。縄文時代におけるこの地域の生業活動に、潜水による海産物の採集があったことを物語るものである。変わったところでは、長野県安曇野《あづみの》市北《きた》村《むら》遺跡から出土した女性人骨からも外耳道骨腫が発見されており、私はこれを海岸部からの婚入者ではないかと想像している。

また、彼女の眼窩の上壁には、軽度だが細かい穴がたくさんあいていた。クリブラ＝オルビタリアだ。

クリブラ＝オルビタリアは、栄養状態が良くないとき、特に鉄分の不足によって引き起こされる骨病変であるとされる。桜美林大学大学院教授の鈴木《すずき》隆雄《たかお》氏によれば、クリブラ＝オルビタリアの原因としては、

一、食事のなかで穀物偏重などによる鉄分の不足。

二、感染性下痢症などによる鉄分の吸収障害。

三、小児期の成長過程での鉄分需要の増大。

四、月経過多や鉤虫症《こうちゅうしょう》などの寄生虫疾患、あるいは潰瘍《かいよう》などによる消化管出血などでの異常喪失。

が挙げられている（注32）。特に彼女については、四の潰瘍などによる出血という原因が気になった。というのは、頸部にみつかった関節異常について、骨肉腫ではなかったかとのご教示を得ていたからである（注33）。

骨肉腫といえば、骨にできるガンのことだ。もしそうだったとすれば、彼女の首は腫《は》れあがり、いつもズキズキする痛みが走っていたことであろう。また、骨肉腫は肺をはじめとして身体各部位に転移することが多いので、それによる出血もあった可能性は高い。ク

リブラ＝オルビタリアはそのような闘病中に発生したものなのかもしれない。報告書にもあるように、この骨病変と装身具の着装には関係があったと考えるのが妥当だろう。しかし、報告書には肝心の頸部の写真が掲載されていない。また、綾里駅に展示された彼女の骨格にもそれはなかった。念のため、彼女がしばらく保存されていた新潟大学医学部に出向いてみたが、残念ながらここでも確認はできなかった。遺存状態が悪く、取り上げることができなかったのか、あるいは重要な症例ということでどこかに厳重に保管されているのであろうか。

考古学的な見地からみた彼女

それでは考古学的に検討をした場合はどうであろうか。私が調べたところ、縄文時代の単独・単葬例のうち、考古学的な出土状況が判明しているのは、一六一一例であり、そのうち装身具の着装をしていたものは一四七例、全体の約九％である。そのうち女性の装身具着装例は五一例、全体の約三・二％であった（注34）。この数字をみても、いかに装身具を着装していた人物が少数であったのか、おわかりいただけるだろう。

私は、まず女性の首飾着装例のうち、イノシシの歯牙を用いた着装例がどれくらい存在するのか確かめてみた。すると、意外なことに、そのような事例は彼女以外に存在しなかったのである。わずかに類例として、福岡県遠賀《おんが》郡芦屋《あしや》町山鹿《やまが》貝塚でイノシシ犬歯製の耳飾着装例が、愛知県田原《たはら》市吉胡《よしご》貝塚でイノシシ犬歯製腕飾の着装例が各一例ずつ確認できただけである。また、そもそも女性が装身具を身に付けた場合、その素材は石や貝、動物の椎骨を用いることが多く、動物の歯牙はむしろ男性が着装した装身具の素材に多いこともわかった。ということは、宮野貝塚の事例は、縄文時代全体からみた場合、きわめてイレギュラーなものであったことになる。ましてや、イノシシの歯牙および獣骨製玉を合計で一〇点以上も連ねた首飾を着装していた事例など、彼女のほかには存在しない。彼女は、きわめて特殊な埋葬例だったのだ。

ここまで検討してくると、報告書にもあるように彼女の首飾は病気に対する呪術的な医療行為の一環として用いられたと考えるのは、あながち間違いではないと思えてくる。いや、むしろ単なる偶然とすることの方が不自然であろう。このように骨病変と装身具が対応しており、何らかの呪術的医療行為を行ったと思われる事例は、彼女以外にも宮城県気仙沼《けせんぬま》市田柄《たがら》貝塚や岩手県一関《いちのせき》市蝦島《えびしま》貝塚、岡山県笠岡《かさおか》市津雲《つくも》貝塚などでも見つかっている。

世界の諸民族のなかには、装身具を辟邪《へきじゃ》（魔除《まよ》け）のための護符として用いる人々が多く存在する。たとえば、アイヌのタマサイなどはその好例であるし、アフリカのジンバブエに住むショナ族などでは、子供が病気にならないように護符として小玉を使用した首飾を着装させることがある(注35)。日本の考古学研究においても、このような風習を敷延《ふえん》する見解は多い。さきにあげた春成秀爾氏や木下尚子氏らの見解も、自己の生命や祖霊、地霊を自身につなぎ止め、それが身体的・心理的にさまざまな障害から自己を保護してくれるという装身具の機能的意義を説明したものである。

縄文時代の医療技術が、現在からみるとはるかに未熟であったことは、容易に想像がつく。そのような医療技術のなかに、現在からみれば「おまじない」にすぎないものが含まれていたとしてもおかしくはない。縄文時代においても病気や怪我の治療行為の一環として、装身具の着装が行われていた可能性は高い。

このように考えていくと、動物の歯牙等を素材とする装身具のなかには、動物たちの鋭い武器をもって辟邪や呪術的な医療行為に用いられたものがあったということができるだろう。また、宮野貝塚例の場合、その骨病変のあり方や装身具の質と量からみて、特殊な知識なしにこのような施術を行い得たとは思えない。とすれば、当時すでにそのような呪術を施すことができる特殊能力者、すなわち呪術医(witch doctor)が存在していたことになる。この呪術医は多くの病気の治療を、呪術や薬草などの知識を駆使して行ったことであろう。

彼女は、三〇代半ばでガンに侵された。状況からみて、おそらくは全身への転移も存在したことであろう。末期における苦しみは相当なものであったに違いない。その病魔を退散させるために、治療の一環としてイノシシ歯牙製の首飾がつけられたのであった。現代医学からみて、治療効果はほとんどなかったであろう。しかし、彼女がこれによってどれだけの「癒《いや》し」を得たことか、想像に難くない。ひょっとしたら、一時的に病状が回復したかもしれない。それがたとえプラシーボ（偽薬）効果であったとしても、生きようとする意志が結果的に延命効果をもたらすことはよく知られた事実である。しかし、さまざまな治療の甲斐《かい》なく、彼女は亡くなってしまった。治療として護符の首飾をかける。それを原始人の迷信と言って現代人が一笑に付すことは簡単だ。しかし、たとえどんなに医療技術が未熟であったとしても、そこにあるのは生に対する真摯《しんし》な思いであって、決して私たちが迷信だとか野蛮なものとして排斥できるようなものではなかったはずである。彼女は精一杯生きて、病魔と闘って、そして死んだのである。一体誰が、それを笑うことができるのだろうか。

第四章　縄文時代の子供たち――死から生を考える

土井ヶ浜遺跡の親子の墓

かつて私が勤務していた山口県下関《しものせき》市豊北町《ほうほくちょう》の土井ヶ浜《どいがはま》遺跡・人類学ミュージアムには、土井ヶ浜ドームという屋外展示施設がある。土井ヶ浜ドームは、多数の人骨を出土したことで著名な土井ヶ浜遺跡の上に建てられた、一〇〇体あまりの人骨の出土状況をそのままの形で見せてくれる画期的な展示施設である。

人類学ミュージアムの学芸員時代には、修学旅行の生徒や団体旅行の方々をはじめ、希望があれば個人の見学者の方もドームに案内し、土井ヶ浜遺跡の成り立ちや発掘調査の成果、個々の人骨からわかることを説明した。こちらの話を興味深く聞いている方（修学旅行の生徒さんが多かった）、こわごわ見ている方（これは年長のご婦人が多かった）、完全にそっぽを向く方（なぜか初老の男性が多かった）などさまざまな反応があったが、必ずといっていいほど訊《たず》ねられたのが、

「これは本物の人骨ですか」

ということだ。

「いいえ、本物の人骨は博物館で大切に保管しています」

と私が言うと、多くの方が安心したような顔つきをされる。日常で死者に接することがほとんどなくなった現在、人の骨をみるということは、やはり相当なストレスになるようだ。ましてやドームの中は直射日光による乾燥を防ぎ、現状をできるだけ長期に保存するために採光を一切行わず、非常に薄暗くなっている。灯《あかり》といえば、ところどころに間接照明とパネル展示用のスポットライトがある程度だ。薄明かりの中、多数の人骨が累々と横たわっているという風景はなかなか衝撃的なものだ。私自身、たとえそれが模型であることを知っていても、なんだか死後の世界を垣間《かいま》みるような気がしたことは否定しない。

そのようなドームの中に、見学者の方の顔がほころぶ場所が一か所だけあった。それは、ドームのエントランスから入ってすぐにある一号石棺墓の展示コーナーである。出入口付近にあるのでここを一番最初に説明することもあったが、見学時間が十分にとれる場合には私はあえてこのコーナーの説明を一番最後にまわし、時間をかけて話をすることにしていた。見学者の方々に、人骨に対してネガティブなイメージだけを持ってドームから出ていただきたくなかったからである。

一号石棺墓は、土井ヶ浜遺跡で一番はじめにみつかった石棺墓である。読んで字の通り、平たい板状の石を組み合わせて作られた石の棺桶《かんおけ》、すなわち石棺が埋められていた墓である。この中には、初老の男性と幼児期の子供が合葬されていた。典型的な大人と子供の合葬例である。弥生《やよい》時代の墓地からこのような合葬例が検出されることは珍しい。多数の人骨が遺存した土井ヶ浜遺跡ならではの事例であろう。

「年齢からみて、おそらくは親子、あるいはおじいさんとその孫であったかもしれません。そういうつながりがあったからこそ、このように同じお墓に埋葬されたのでしょう」

私が学芸員となって間もないころは、このような説明に続いて、

「弥生時代においては、出自や血縁関係が集団を結びつける上で重要な役割をしていたのです。このような埋葬形態は子供が父方に帰属するような社会、たとえば父系社会の存在を示しているのかもしれません」

と、当時の社会構造について話をすることが多かった。しかし、見学者の方々は説明が一段落するやいなや、必ず、

「あぁ、昔の人にも親子の愛情というものがあったのですね」

と、言われるのであった。自分が説明した内容とはややかけ離れた反応に少々とまどうとともに、親子という言葉が持つ人の心を打つ力というものを改めて感じざるをえなかった。そのことに気がついてからというもの、私は説明の内容を先史時代の親子を中心としたものに変えることにした。

死者の世界を連想させる薄暗いドームの中でも、弥生時代の親子の話をすると、みなさん笑顔になる。とくに女性の団体見学者の方々はそうだった。おそらく自分の子供や孫のことを思い出して、それで笑顔になったのだろう。親子や子供、孫という言葉が、遠い時代といま現在の生活を結びつけるキーワードとなったに違いない。これは私にとって大発見であった。

「子供」をテーマとして、縄文時代から現在までの資料を通時的に比較検討し、それがどのように変化してきたのかを跡付けることができれば、これまで考古学ではあまり触れられることのなかった「子供の成長」やその「社会的位置付け」について議論を深めることができるのではなかろうか。これは見方を変えれば、子供の埋葬例という「死のあり方」から生きている人たちの社会のあり方、すなわち「生のあり方」を考えるということだ。死から生を考える。きっと大きなテーマになるに違いない。子供という言葉にインスパイアされた私は、世界各地における先史時代の子供の埋葬例について調べ、これを通して当時の子供たちの社会的位置付けの解明を進めるとともに、子供たちがどのように成長し一生を終えていったのかというライフヒストリーについて、ささやかながら研究を行ってきた。以下では縄文時代の事例を中心に、そのエッセンスを紹介してみることにしよう。

子供の墓あれこれ

縄文時代の子供の墓としては、第二章でも述べたように、しばしば土器棺墓が取り上げられる。ただし、この中からは生後一年以内までの子供の骨がみつかることがほとんどである。一方、ひとくちに子供といっても人の場合、その期間はほかの動物と比べて非常に長く、多くの伝統社会においても一〇年を超える。そのことを考えると、土器棺墓の中に埋葬された子供の年齢層は、縄文時代としてもきわめて限定されたものであったことがわかるだろう。土器棺内に埋葬される子供には、何らかの年齢制限があったようだ。また、土器棺墓自体は縄文時代後晩期頃にその数が増加するという傾向を持っている。したがって、土器棺墓は被葬者の年齢とその盛行する時期という二点において比較的限定されたものであったということができるだろう。

さて、先述したような研究の一環として、私は全国における縄文時代の子供の埋葬例を集成したことがある。当初私は、子供の墓ということで土器棺墓が過半数を占めるだろうと漠然と予想していた。しかし、結果は意外なものであった。集成の結果、埋葬形態として一番多かったのは、実は大人の場合と同じように土壙《どこう》内へ単独・単葬されるものであったのである（注36）。土器棺墓は非常に目立つ埋葬形態であったために、昔から子供の墓として注目されてきたのだが、実はそれは全体の三割程度を占めるに過ぎない少数派だったのだ。

土器棺墓と土坑墓に埋葬された子供

宮城県気仙沼《けせんぬま》市に所在する田柄《たがら》貝塚は、新城《しんじょう》・所沢《ところざわ》地内の国道四五号線気仙沼バイパス付近の丘陵地に立地する縄文時代後期から晩期を中心とする貝塚である。一九七九年にバイパス建設にともなって発掘調査が行われ、多くの埋葬例が検出された。宮城県の貝塚から人骨が出土したということだけなら、それは別段めずらしいことではない。全国屈指の貝塚地帯を抱える宮城県内からは、これまでにも数百体にものぼる縄文人骨の出土が確認されているからだ。しかし、田柄貝塚の埋葬例で注目されるのは、新生児期の子供が土坑墓と土器棺墓の二つの墓に分けられて埋葬されていたことであった。若干時期差があるとはいえ二つに分けられている以上、そこには何か必ず理由があるに違いない。それはなんであろうか。そう考えた私は、まず土坑墓と土器棺墓から出土した新生児の大きさを検討してみた。大きさを検討するといっても、上腕骨や大腿骨《だいたいこつ》の長さ（骨化長）を比較して、そこから埋葬された子供が妊娠何週目に相当するものなのか、週齢の計算を行ったのである。その結果、興味深い事実が判明した。

二つの墓に埋葬された新生児の週齢

算出された週齢を比較してみたところ、土器棺墓の中から出土した新生児には三八週以降のものが多く、土坑墓から出土したものは三二週から三七週程度に集中したのである。このことは、両者の成長度に差が存在したことを指し示している。どうやら、週齢三八週頃を境に新生児の埋葬方法が区別されたらしい。これは一体どういうことなのであろうか。

通常、胎児は週齢二四週から二八週以後になると呼吸器系が完成し、子宮外における生存が可能となる。そして、それ以降の時期には皮下脂肪の蓄積などによる体重の増加がみられるようになる。さらに、三八週頃から子宮内での胎児の位置が確定し、出産に備えられるようにもなる（注37）。また、胎児の体重増加率は三八週以後に低下する。これは、胎児の急激な成長に栄養補給が追い付かなくなったという理由だけではなく、出産後の環境変化に対応するために栄養が使われるようになったことも原因として挙げられる。たとえば、三八週以降の胎児の細胞内にはグリコーゲンが貯蔵されるようになり、これは出産直後の温度変化や低血糖によるショックに対処するためと想定されている（注38）。したがって、週齢三八週以降の胎児は出産時、あるいは出産後の外界からの刺激にある程度耐えることが可能であり、それ以前の週齢の胎児よりもその意味では丈夫である、と考えることができるのだ。このことは、九か月を過ぎた胎児に死産児が急激に少なくなることからも推測できる。

この点を踏まえてもう一度考えてみよう。土器棺墓内に埋葬された子供たちは基本的に三八週以上の事例であり、なかには四〇週を超えるものもいる。これは出産時のショックにも耐えることができるくらいに成長をしていたということであり、反対に土坑墓の事例はそうではなかったということになる。

人類学の泰斗であった長谷部言人《はせべことんど》氏は、「石器時代の死産児甕葬《おうそう》」という論文の中で土器棺内に埋葬された子供たちは死産児であったと主張されたが、前述の点を勘案してみると、土器棺内に埋葬された子供はいわゆる死産児ではなく、むしろ一度は生きて生まれて産声を上げた子供であった可能性が高いと推測できるのではなかろうか。すなわち、土器棺内に埋葬された子供は死産児ではなく生産《せいざん》ではあったものの、そのすぐ後に息を引き取ってしまった新生児早期死亡例であったと思われる。これとは逆に、土壙などに埋葬されたものこそ死産児であった可能性が高いだろう。こと単葬例に限った場合、土器棺あるいは土壙に埋葬されるという埋葬形態の違いは、基本的に出産時の生死に関係したものであったと推定できるのではなかろうか。

第五章でも詳述するが、世界の民族誌のなかには土器を母胎としてとらえ、再生の象徴としている場合が多くみうけられる。縄文時代においても誕生や再生の象徴として土器が利用されていた可能性は高い。生産であったのに、その後に死亡した新生児の埋葬にあたって土器が用いられた理由は、土器自体を母胎になぞらえ、再生を祈願したからにほかならないだろう。第二章でも触れたように、長野県諏訪《すわ》郡富士見《ふじみ》町《まち》唐渡宮《とうどのみや》遺跡出土の出産光景を描いた絵画土器や、山梨県北杜《ほくと》市津金御所前《つがねごしょまえ》遺跡と長野県伊那《いな》市月見松《つきみまつ》遺跡から出土した出産光景を模した土器は、縄文人が土器そのものを母胎の象徴としてとらえていた証拠であろう。

死産児よりも生まれてからある程度の日数を生きながらえたものに対しての方が、当時の人々の再生を願う気持ちがより強く働いたのではなかろうか。あるいは、生きている間になんらかの通過儀礼、たとえば命名などをされた新生児のみが土器棺の中に入れられたのかもしれない。この辺りは多分に推測になるが、少なくとも縄文時代においては、出産時に生きて生まれたのか、それとも死産であったのかという理由で埋葬方法に差異がつけられていたということは仮説として提出できるだろう。

縄文時代の大人と子供の合葬例

新生児期以降の子供のあり方を探るには、子供の単独・単葬例を検討するだけではなく、性別の判明した大人との合葬例を検討してみるのも一つの方法である。子供の年齢段階の変化が埋葬形態にどのように反映されていくのか、大人との対比の中で分析することができるからである。

縄文時代の大人と子供の合葬例は、現在までにおよそ三〇例がみつかっている。これらの埋葬形態や装身具・副葬品などの死後付加属性を調べたところ、実に興味深いことがわかった。それは多くの事例が大人が子供を腕に抱いていたり、あるいはお互いに顔を見合わせたりしていたからである。たとえば、福岡県遠賀《おんが》郡芦屋《あしや》町山鹿《まちやまが》貝塚や千葉県船橋《ふなばし》市古作《こさく》貝塚、大分県中津《なかつ》市本耶馬《ほんやば》渓町枌洞穴《けいまちへぎどうけつ》の事例では大人の女性が乳幼児期の子供を腕に抱いている状態で埋葬されていたし、千葉県千葉市加曽利《かそり》貝塚の事例では、大人の女性が幼児期の子供を背中に背負った形で埋葬されていた。特徴的なのは、子供とともに合葬された大人が、いずれも女性であるということだ。大人の女性と子供の合葬例は、まさしくおんぶにだっこの状態なのである。このような埋葬のされ方は、被葬者である大人の女性と子供の間に深いつながりがあったことを想定させる。

また、千葉県市原《いちはら》市草刈《くさかり》貝塚や長野県安曇野《あづみの》市北村《きたむら》遺跡、宮城県東松島《ひがしまつしま》市里浜《さとはま》貝塚からは、大人と小児期の子供がお互いに顔を見合わせた形で合葬された事例が発見されている。おなじ子供でも幼児期までは腕に抱かれるのに対して、小児期になると腕に抱かれるという形ではなく、大人と顔を見合わせるという状態で埋葬されていたことが注目される。

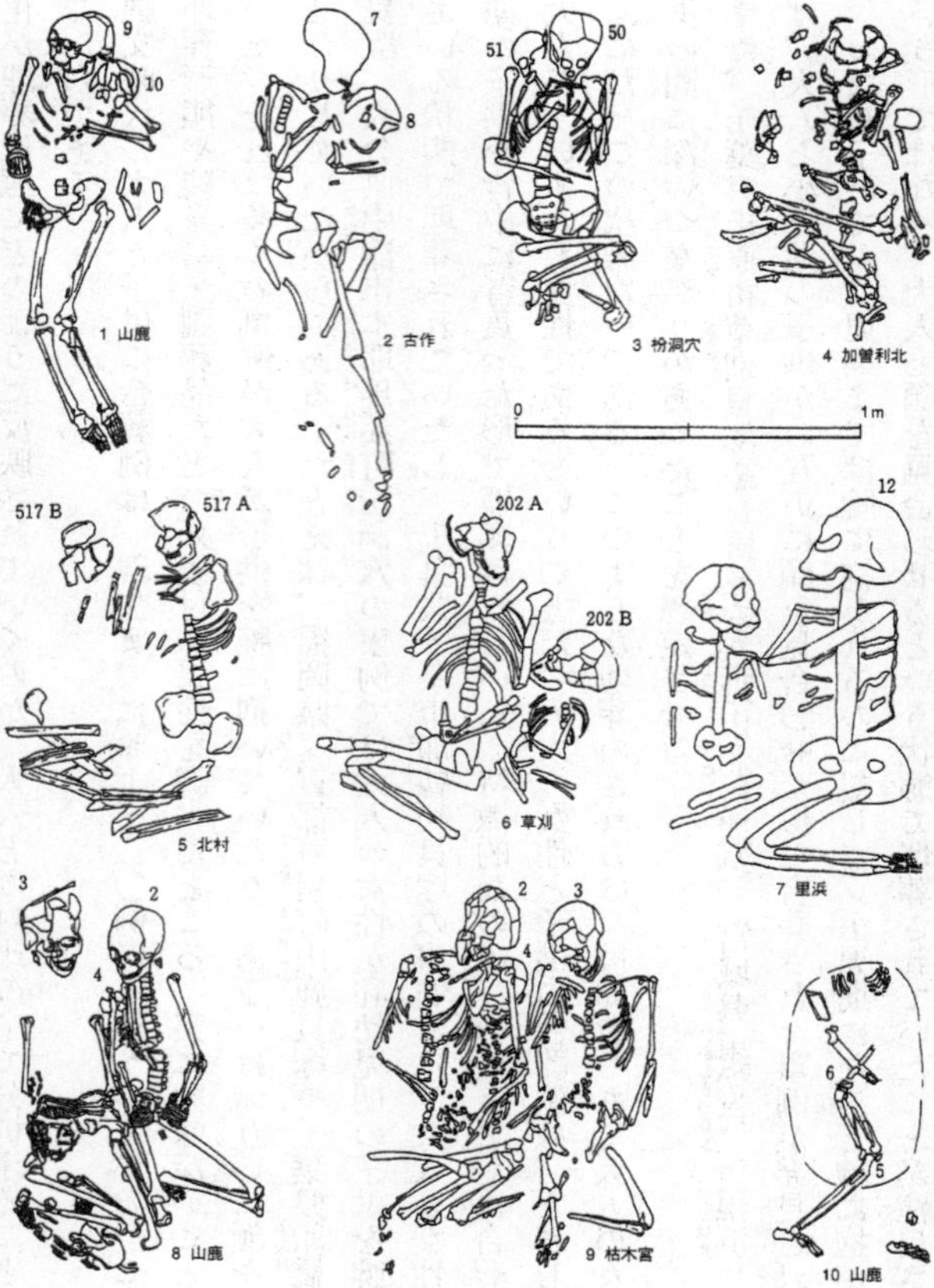

縄文時代の大人と子供の合葬例[3]

特に草刈貝塚例や北村遺跡の場合は、大人の男性と子供の合葬例である。子供が幼いときには大人の女性と、少し大きくなると男性とも合葬されるようになったということがわかるだろう。ここにも子供の年齢による扱い方の差がみてとれる。このような埋葬方法の差が、当時の社会における子供の社会的位置付けの差を表したものであるということは想像に難くない。

乳児・幼児・小児の差

現代においても、乳児期（生後半年から大体一、二歳ころの離乳まで）の子供と、幼児期（大体二歳から五歳以下）の子供、小児期（六〜一二歳ころまで）の子供とでは、発達度合いに大きな差がみられる（注39）。赤ちゃんや幼稚園児と小学生との違いといえば理解しやすいだろうか。その差は先史時代においてもあまり変わりはない。

乳児期には乳歯の萌出《ほうしゅつ》があり、独り立ちをするようになり、また「あー」「うー」といった喃語《なんご》から「あれ」「これ」といった指示語を獲得するようになる。親にしてみれば日々成長が感じられる時期であろう。幼児期には、片言から話し言葉の完成にいたるまで言語能力が飛躍的な発達をみせる。その一方で、走る・跳ぶ・蹴《け》る・つかむなどの運動能力も発達していく。集団生活にも一個の人格として参加できるようになり、それとともに自我が芽生えて自己を主張するようになる。ところが小児期になると、永久歯の萌出がはじまり、伝統社会においては労働力として期待されるようにもなってくる。子供という時期が日常の労働や生業活動から明確に分離されるようになるのは産業革命以降のことであると、P・アリエス氏は名著『〈子供〉の誕生』のなかで記しているが、縄文時代においても子供が一定の労働力として集団生活に寄与していたことは疑いえないだろう。また、通過儀礼という言葉を提唱し、民族学にも多大な業績を遺《のこ》したA・ジェネップ（ヘネップ）氏はその著書『通過儀礼』のなかで、乳歯の脱落と永久歯の萌出を子供の時期の終わりと重ねてみている民族事例の多いことを指摘している。

このように、乳児・幼児期と小児期の間には成長・発達度合いという生物学的な差異のみならず、社会における位置付けという文化的な差異が存在しているのである。縄文時代においても、それが埋葬方法に反映されているということは十分に考えられるであろう。ちなみに茨城県中妻《なかづま》貝塚などにみられるような多数合葬・複葬例には、原則として乳児期以下の子供は含まれない。このことから集団構成員としての認知が幼児期以降の子供から行われた可能性を指摘することもできよう。このように、同じ子供といっても年齢段階ごとに細かな差異が存在することには注意しておきたい。

大人と子供の合葬例の解釈

大人と子供が同じ墓に入り、合葬されているという状況からみて、また子供が腕に抱かれたり、あるいはお互いに顔を見合わせているような状況から判断する限り、大人と子供の間には何らかの深い絆《きずな》があったと考えるのは自然であろう。これまでにも先賢によって述べられてきたことではあるが、やはり基本的に両者は親子であったと考えるのが妥当であると、私は思う。

ただし、このような解釈には異論もある。たとえば考古学者の辻村純代《つじむらすみよ》氏は、「母子間の親和的関係の故に、成人女性と未成人の合葬を母子合葬と考えること自体が共同体が解体したのちの狭隘な家族観に引きずられた現代的な感性」であると述べている（注40）。母子合葬例の理解に対する挑発的なアンチテーゼであり、前述の解釈を自然であるとみなす考え方そのものを否定されている。男である私にはいささかショックであるが、たしかに辻村氏のような考え方も一理はあるのだろう。

また元國學院大學の小林達雄《こばやしたつお》氏は、アメリカ先住民の民族誌を参考にして、縄文時代にも身分差・奴隷が存在した可能性があるとし、大人と子供の合葬例は、実は身分の高い子供と奴隷の合葬例であるかもしれないと述べている（注41）。

それでは一体どのような解釈が現在のところもっとも蓋然性《がいぜんせい》が高いのであろうか。大人の女性と子供の合葬例が、母子合葬であるのかどうか、これを解決できる方法、少なくともさらに蓋然性の高い結論を得る方法は一つしかない。それは大人と子供それぞれのmtDNAを採取し、それが一致するかどうか遺伝子的な検討を行うことである。一致すれば、親子である蓋然性は飛躍的に高まるし、一致しなければさらなる検討課題が増えることになる。ただし、mtDNAは母系遺伝しかしないので、大人の男性と子供の合葬例の検証を行う際には注意する必要がある。残念なことに縄文時代の事例において、このようなmtDNAの検討が行われたという事例はまだ寡聞にして知らない。一刻も早い実施・検討を望みたいところではあるが、大人と子供の合葬例の出土例がきわめて少ないこともあって現状ではなかなか難しいだろう。

また、このような合葬例が身分の高い子供と奴隷の合葬ではないかとの説であるが、これは諸外国の殉葬例を検討することによってある程度見通しを得ることができるだろう。かつて私は、北米よりも日本にほど近い中国やロシアの先史時代における殉葬例を検討したことがある（注42）。その結果、中国やロシアの殉葬例には、おもに次の三つの傾向が存在することがわかった。

一、殴られた痕《あと》があるなどの受傷人骨が合葬されている。

二、両者の間に副葬品の大きな格差が存在する。

三、片方は手足を伸ばしたきれいな伸展葬であるのに対し、もう片方はだらしない屈葬であるなど、埋葬姿勢に明確な差異が存在する。

このような特徴を縄文時代の大人と子供の合葬例と比較してみたところ、いずれの事例もこれにはあてはまらないということがわかった。つまり、現状では小林氏の説を積極的に肯定できる要素はない、ということになる。

さきにあげたような反論があるにせよ、現在の考古学的状況から判断して、大人と子供の合葬例を親子の合葬例とするのは、やはり非常に蓋然性の高い解釈であると私は思う。老人と幼児の合葬例などを、年齢差を考慮して、祖父・祖母と孫の合葬と理解することも含めてである。では、大人と子供の合葬例が親子の埋葬例だとすると、彼らは何故に合葬されたのであろうか。

合葬の契機

単葬例である場合、合葬の契機が同時死亡、もしくはさほど時間差のない連続死亡に求められるということについては異論がないだろう。では、親子がほぼ同時に死亡するという状況とは、一体どのようなものだったのか。こうなると現状では推論の域を出ないが、まず想像できるのは不慮の事故によるものであろう。たとえば親子そろって谷へ落ちたなどの滑落死、食物などによる中毒死、あるいは水死などであろうか。ただしその場合、当時の人々からすれば、二人とも通常の死に方とは異なった、いわゆる異常死であったことは間違いない。実は大人と子供の合葬例は、通常の埋葬例よりも装身具や副葬品の保有率が高いという傾向がある。このような傾向は、あるいは異常死への呪術《じゅじゅつ》的処置であったのかもしれない。

合葬例から考える

さきにみたように、合葬の契機を同時死亡ないしはそれに準ずるものと考えてよいのであれば、死の直前までこの親子は行動をともにしていた可能性が高い。特に乳児期以前の子供と大人の合葬例の場合、大人の性別は女性しか存在しない。とすれば乳児期のころまで、すなわち離乳のころまでは子供は母親と過ごすことが多く、離乳して少し時間の経った幼児期の後半から小児期になると、母の手を離れて男性とも行動をともにするようになったと考えることができるだろう。この時期、子供の社会的な行動範囲に変化があったということになる。

その意味で、大人二体と子供一体からなる三体合葬例の性別内訳は興味深い。大人と子供の三体合葬例はこれまでに五例が確認されており、その大人の性別内訳は男性二あるいは女性二のようにどちらか一方に偏ることが多い（注43）。さきにも述べたように、合葬の契機をほぼ同時死亡としてよいならば、子供が男性のみ、ないしは女性のみと行動をともにする場面が日常的に存在したということになる。民族事例を参照しても、幼児期以降の男の子が大人の男性と、女の子が女性と行動をともにすることは多い。このことと大人と子供の三体合葬例のあり方は符合しているといえよう。

縄文人のライフヒストリー

第二章および第三章で述べてきたことも含めて、これまで話をしてきたことから縄文時代の子供たちがどのような形で成長してきたのか、ひいては縄文人がどのような一生を送っていたのか、その一端を垣間見ることが可能である。それをまとめると、次頁の図のようになる。

縄文人の一生は、まず生きて生まれてくることから始まった。死産児は土壙などに埋葬され、わずかな期間でも生きながらえたものは再生を祈願されて土器棺に埋葬された。無事に成長を続けたものは二歳前後に離乳し、母親を離れて行動しはじめ、集団生活にも参加をするようになってくる。そして、この時期から集団の構成員としても認知されるようになった。幼児期以降、しだいに男の子は自分の親や親類を含む大人の男性と、女の子は

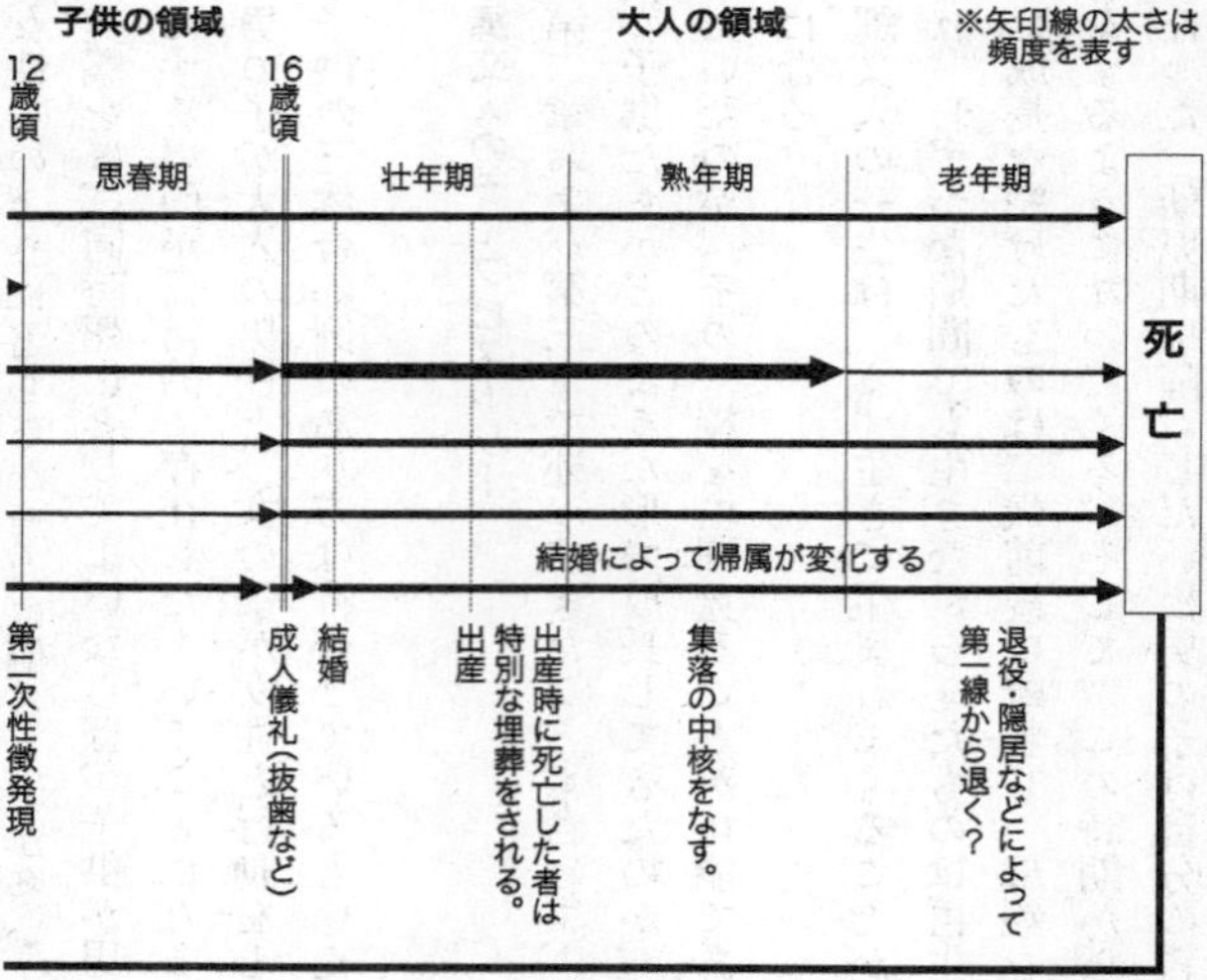

縄文時代におけるライフヒストリーモデル[3]

大人の女性と行動をともにすることが多くなり、労働力として生業活動にも参加するようになっていた。もし中毒や事故などによって、親とともに子供が死亡した場合には、いっしょに埋葬された。その後思春期にいたり、大体一六歳前後までに成人儀礼が執り行われ、地域や時期によってはその一環として抜歯などの身体変工が施された。これを境として以後に婚姻が行われる。その後、女性は妊娠し出産をむかえることもあったが、出産時に死亡したものは、妊

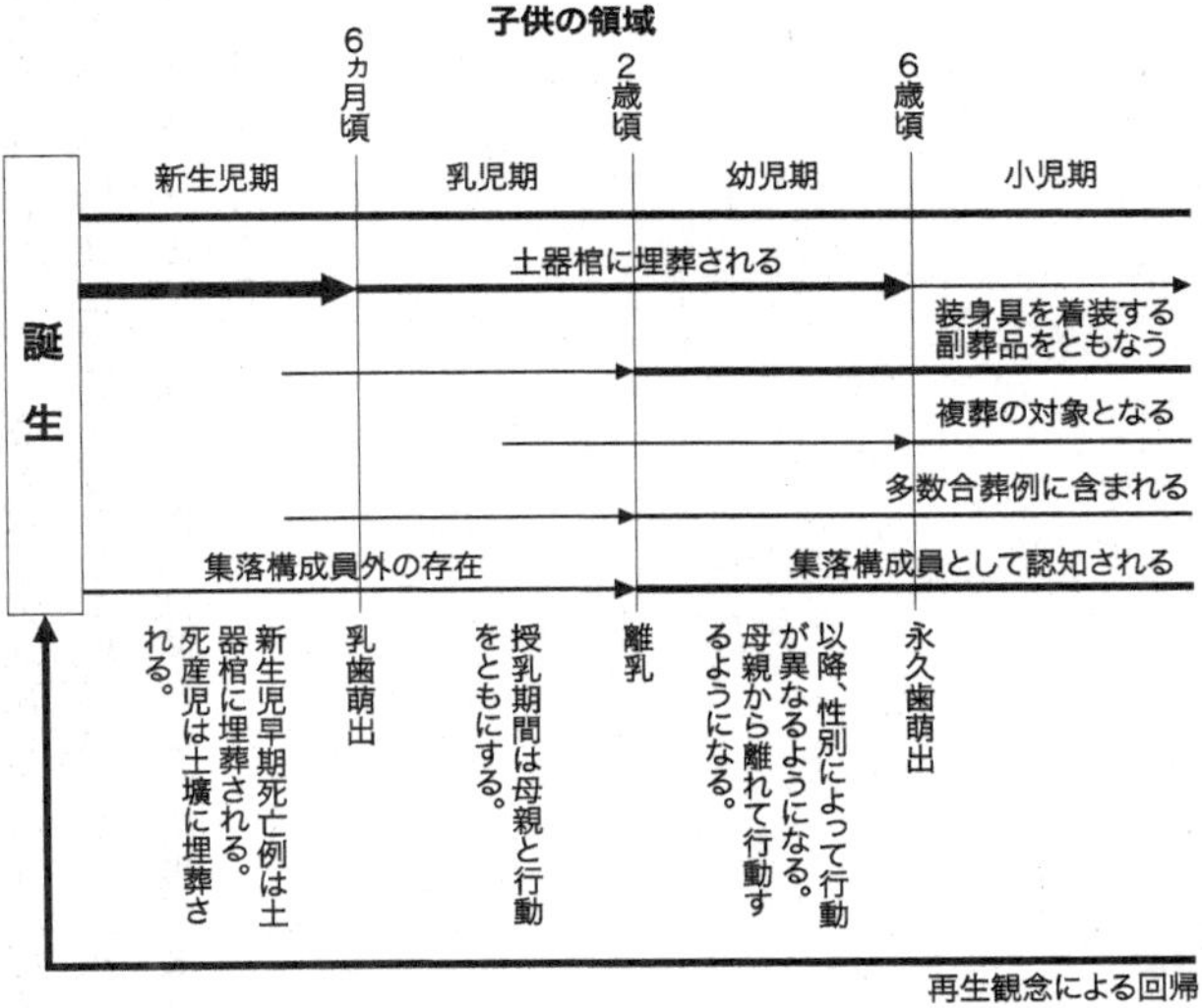

産婦としてほかの事例とは差異をつけて埋葬された。成人儀礼以降には、社会的経験の有無や加齢、性差、地位、出自などによって規定される装身原理に基づいて、土製耳飾や腰飾などの着装、身体変工が行われた。また、呪術的医療行為の一環として装身具を着装することもあった。そして、死を迎えたときに、それらの情報の一部が属性として墓に残されたのであろう。

　このように、縄文時代の子供たちは年齢段階や性別によって社会的位置付けを変化させながら成長し、さまざまな人生儀礼を受けながらその一生を終えていったのだ。それは私たちの精神文化のあり方となんら遜色《そんしょく》はない。縄文時代の社会に生きるということは決して単純なことではなく、彼らは彼らなりに複雑なコスモロジーのなかで生きていたことが理解できるであろう。

第五章　縄文の思想——原始の死生観

ここまで、個別具体的な埋葬例を通して、縄文時代の墓と、それをつくり営んできた背景について述べてきた。縄文時代にも、現在に負けず劣らない豊かな精神文化が存在したことをご理解いただけたかと思う。本章では、これまでの研究成果をふまえながら、生と死にまつわる縄文時代の思想について考えてみることにしよう。

考古学的資料にみられる出産のモチーフ

縄文時代における生の象徴といえば、やはり新たに生命を産み出すという出産に関するものを挙げることができるだろう。

縄文時代にはその形態などから、出産をモチーフにした遺物が存在する。たとえば中期以降の土偶には妊娠中の女性を表しているものが多数存在する。それらのなかには、長野県飯山《いいやま》市深沢《ふかさわ》遺跡出土の土偶や同茅野《ちの》市尖石《とがりいし》遺跡出土の土偶、山梨県南《みなみ》アルプス市鋳物《いも》師屋《じや》遺跡出土土偶のように、膨らんだ腹部に妊娠線と考えられる縦方向の沈線《ちんせん》が施されているものさえ見受けられる。妊娠線とは、お腹の赤ちゃんが大きく成長する速度に対して、皮膚の伸展が追いつかなくなったときに発現するいわゆる「肉割れ」のことであり、通常妊娠八か月以降から顕著になるといわれている。また、ホルモンバランスが崩れることによっても発現するらしい。いずれにしても妊娠後期によく見られるものである。このことから、これらの土偶は妊娠後期の妊婦をかたどったものであると推定できる。また、長野県茅野市棚畑《たなばたけ》遺跡出土土偶のようにへそが下を向き、へそから下がより膨らんでいる土偶も存在する。実際の妊産婦の場合、このような現象は児頭降下と呼ばれ、胎児の頭が子宮頸部《けいぶ》のほうに下がってきたために起こるものであり、出産までごくわずかであると診断される。このような土偶も出産直前の妊産婦をかたどったものとして理解できるだろう。なお、山梨県笛吹《ふえふき》市と甲州《こうしゅう》市にまたがる釈迦堂《しゃかどう》遺跡からは、股間《こかん》部に赤ちゃんの頭部と思《おぼ》しき丸い突起を有する、まさに分娩《ぶんべん》を行っている土偶が出土して

妊娠線が表現された土偶[12]
（山梨県鋳物師屋遺跡出土）

いる。縄文時代の土偶、特に中期以降の土偶には、出産直前の妊産婦や出産を強く意識したものが多いと考えてよいだろう。

また、第二章でも述べたが、長野県諏訪《すわ》郡富士見《ふじみ》町《まち》唐渡宮《とうどのみや》遺跡、山梨県北杜《ほくと》市津金御所《つがねごしょ》前《まえ》遺跡、長野県伊那《いな》市月見松《つきみまつ》遺跡からは出産時の光景を写した土器が出土している。これらの事例も縄文時代中期のものである。このことからみても、縄文時代中期以降の人々が出産に対して特別な思いを持ち、そしてその光景をさまざまな形で造形として写し取ったことは間違いない。

縄文時代の出産にみられる象徴性

子供を産むということは、女性のみに可能な行為である。新しい生命を産み出す妊産婦には、現在以上に特別な感情が持たれたはずだ。その姿を祭祀《さいし》に用いた土偶や特定の土器に写し取ったということは、妊産婦が持つ生命を産み出す力を、象徴的に土偶や土器に付加したためと考えることができるだろう。造形として写し取ったこの時点で、「新しい生命を産み出す」という現象的事実は妊産婦という具体像から抽出されて、当時の人々の「思考」という形で抽象化、概念化される。したがって、これらの道具を用いた祭りは、当然のごとく新しい生命を産み出す「新生」という象徴性をおびたものであっただろう

（注44）。
土偶や土器に付加された「新しい生命を産み出す」という力は、多様な生活の場面で、当時の人々がこれを享受することによって解決できると考えた事柄、たとえば大地の豊饒《ほうじょう》、安産、病気の治癒などさまざまな願いに応用されたと思われる。土偶について精力的な研究を続けている能登健氏は、「土偶は、その造形から生命力付与の根源たる神性である」と解釈しているが（注45）、これは出産をモチーフとした遺物すべてにあてはまるものである。そして、土偶などが縄文時代という長い期間を通して存在し続けたということは、この新しい生命を産み出す力を応用した呪術《じゅじゅつ》、儀礼が安定して存在したことにほかならない。逆説的にいうならば、妊産婦がもつ「新しい生命を産み出す力」を当時の人々が祭祀的な行為に応用していたということは、妊産婦自身が、当時の人々が共有していた「新生」と「再生」という思考すなわち「新しく生まれてくる」と「一度

出産の光景を表した土偶[13]
（山梨県釈迦堂遺跡出土）

死して再び生まれてくる」という生と死のあり方、「死生観」の象徴的存在であったことになる。したがって、もし出産が失敗に終わり母子ともに死亡するなどということが発生した場合、それは当時の人々にとっては、単に労働力として期待される集落の構成員が減るという物理的な痛手をこうむるだけではなく、彼らが共有していた「死生観」の象徴的存在が消失するという、きわめて重大な精神的危機に直面することになるのである。それゆえに、当時の人々は妊産婦の死亡を異常なこととみなし、通常の埋葬とは異なった扱いをし、この精神的な危機を乗り越えようとしたのであろう。当時の人々にとって妊娠、出産とは、成功すれば次の世代を担うべき集落の新構成員が一人増えるが、失敗するときにはベテランの成員を一人失うというような人員的な問題だけではなく、彼らが日常的な生活のなかでよりどころとしていた「新生と再生」という「死生観」そのものをくつがえすことにもなりかねない、多分に思想的意味をもった人生儀礼だったのだ。

大学で縄文時代の出産について教える

大学で、私は「人類史と考古学」という一般教養科目の講義を担当している。この授業は、人類の誕生から日本の江戸時代まで、ヒトと文化がどのように変化してきたのか、考古学的・人類学的に概説を試みた授業である。そのなかで、私は先に述べた前浜《まえはま》貝塚の妊産婦の埋葬例を取り上げ、縄文時代を含めた先史時代の出産がいかに大変なものであったのか説明することにしている。子供を産むということの不思議さ、大変さを是非とも学生たちに知って欲しいからである。

妊娠して、赤ちゃんが胎内で大きくなると骨に大きな負担がかかり、その結果、骨盤の一部が変形し、妊娠痕《こん》という大きなくぼみができること、土偶や絵画土器などの表現から当時のお産が座産であったと考えられること、出産時の事故で亡くなった場合、特殊な埋葬方法が採られたこと、そのような特殊な埋葬方法は伝統社会においてはつい最近まで行われていたことなどを具体的な事例をあげながら解説していく。ときには大型霊長類の生態と比較して、ヒトは性行為をコミュニケーションの手段として用いる特殊な生き物であること、埋葬を行うのはすべての動物のなかでもヒトだけであること、大型霊長類では育児はもっぱらメスのみが行うこと、生殖年齢を過ぎてもさらに長生きする個体がいるのがヒトの特徴であるといったことなどもおりまぜて話をする。

このときの男子学生と女子学生の反応が対照的だ。女子学生の場合、将来自分の身の上にも起こりうる話として、非常に熱心に話を聞いている。授業終了後にも、わざわざ研究室まで質問にくる学生がいるほどだ。

教養教育の授業時には、私は学生たちにあらかじめ質問用紙を配付し、授業に関してなんでもいいから質問を書くようにと話をする。すると、この講義のときには、多くの女子学生が出産について質問や感想を書いてくる。ところが、男子学生の反応はまた違うものだ。多くの男子学生は、ゴリラやチンパンジーなど大型霊長類のオスがどのようにしてメスを獲得するのか、集団内の序列と交尾の機会がどのように相関するのかといった、オスとメスの関係性についての感想や質問を書いてくる。出産に関しては、男子学生の授業中の態度からもあまり関心のないことがわかる。まして、わざわざ質問用紙に出産時の事故について感想を書いてくる学生はほとんどいない。男性と女性の妊娠・出産に対する感覚はこんなにも違うのかと考えさせられる場面である。

しかし、これは生物学的にみた場合、ある意味自然なのかもしれない。考えてみよう。生物、特にヒトに遺伝子的に近似する大型霊長類のうち、「社会的な父親」が存在するのはヒトだけである。ゴリラやチンパンジー、オランウータンなどをはじめとして、育児を行うのはメスの役割である。オスは交尾をした後、どこかへ行ってしまったり、あるいは群れの内部にとどまっていたとしても、妊娠と出産に関しては基本的に無関心である。またチンパンジーの場合、メスが子育て中だと発情しないので、生物学的な父親ではない別のオスが子供をとりあげて、これを殺してしまうという事例すら報告されている（注46）。なにやら、現代のニュースなどでも時折報道される幼児虐待の背景と似てはいないだろうか。基本的に霊長類のオスはメスの妊娠・出産・育児に関しては無関心なのかもしれない。こうした目から、男子学生の反応をみていると、学校や家庭における性（生）教育・家族教育はどうなっているんだろうかと思いたくもなるし、オス（男）が妊娠・出産・育児について考えるということは、実はきわめて人間的な営みなのだということに気づかされる。

「千の風になって」にみる縄文時代の死生観

話は変わるが、読者の皆さんはおそらく「千の風になって」という歌をご存知であろう。二〇〇六年の大晦日《おおみそか》に紅白歌合戦で秋川雅史《あきかわまさふみ》さんが歌って話題となったあの歌である。二〇〇七年のシングル売り上げが第一位で、クラッシックとしては初の快挙なのだそうだ。歌詞を覚えている方は、ちょっと思いだしてみて欲しい。

　この歌の作詞者については諸説があり、なかなか確定は難しいようだが、始めの部分の英語の詞と私の訳を書いてみよう。

Do not stand at my grave and weep;
（私のお墓の前に立って泣かないで）
I am not there, I do not sleep.
（私はそこにいない、わたしはそこに眠っていない）

I am a thousand winds that blow.
（私は吹きながれる千もの風なのです）
こんな感じだろうか。秋川さんの抜群の歌唱力ともあいまって、この歌に共感を持たれる方も多いことだろう。私はこの歌のなかに、もちろん訳詩者の新井満《あらいまん》さんはそこまでは考えてはいないだろうが、縄文時代の人々の死に対する考え方、すなわち死生観が含まれていると思っている。そして、それこそが現代を生きる私たちが共感するポイントであり、ヒット曲となった最大の要因だと考えている。
ここでは「千の風になって」をBGMにしながら、縄文時代の死生観について、考古学的・人類学的資料から考えてみたい。

墓のある場所

さきに縄文時代の墓の多くは非常にシンプルだと書いた。そして、これらの墓の多くは、集落の内部、すなわち通常の居住域からあまり離れていないところにつくられている。なかには住居とオーバーラップするような貝塚の内部から埋葬された人骨が発見されることもあるし、住居の内部に埋葬が行われたこともある。このことは、縄文人たちが人の死を、自分たちの生活から隔絶したもの、特別なこととしてとらえていたのではなく、身近なも

大湯環状列石[14]

のとして考えていたことを傍証するものだ。

なかには、たとえば秋田県鹿角《かづの》市の大湯《おおゆ》環状列石のように、付近からは居住域が発見されず、墓地が単独で機能していたと思われる遺跡も存在する。しかし、このような墓地は、その配石の大きさなどからみて、おそらく集団統合のモニュメントとしての機能も併せ持ったものなのだろう。さきに述べた中妻《なかづま》貝塚のときと同じように、そこで祖霊崇拝が行われたことも想像に難くない。

その一方で弥生《やよい》時代になると、墓が生活空間から切り離され、墓だけで一つの遺跡を構成するということが多くなる。住居内への埋葬もほぼ皆無となる。弥生時代の人々は、死と死者を自分たちの世界から切り離したのだ。

それに対し縄文人たちは、死者を日常から切り離すということはせず、自分たちの生活空間の中に取り込んでいる。死を隔絶し遠ざけるのか、それとも身近なものとしてとらえるのか。縄文時代と弥生時代の死生観は大きく異なっていたのである。

縄文時代の再生の思想

私が大学の講義で、縄文時代の人骨が貝塚から出土することがあると言うと、決まって学生たちから、

「貝塚は縄文時代のゴミ捨て場だと、小学校で教わりました。縄文時代の人たちは、人の死体をゴミとして扱っていたのですか？」

という質問が出される。いくら縄文時代のことだとしても、人の死体がゴミ捨て場に捨てられるという話になっては、学生たちにもかなりショッキングなことらしい。これには少し説明が必要だ。

貝塚はたしかに即物的な機能からみた場合、ゴミ捨て場ということができるかもしれない。しかし、機能的にはそうであっても、精神的にはそうでない場合もある。たとえば、アイヌの人々には「モノ送り」という思想があった。これは簡単にいえば、食糧として利用した動物や魚などの骨といった食物残渣《ざんさ》や日常生活で破損したさまざまな道具を感謝の

念とともに「あの世」に送り返し、再び「この世」にもとの形で戻ってきてもらうというものである。このような民族誌を参考にして、縄文人にとって貝塚とは、精神文化的に「この世」から「あの世」へとさまざまな「魂」を送り出す「送り場」であったと考える研究者も多い。私もその見解に賛同するものである。本書第二章でも、縄文人たちは赤ちゃんが再びこの世に生まれてくるように女性の象徴である土器の中に埋葬をしたのではないかと、当時の再生の思想について述べておいた。また、縄文人に一番多い埋葬姿勢である屈葬についても、これを四肢を折り曲げ胎児の格好にし、再生を願ったものだとする説がある（注47）。これもいまのところ、積極的に否定する根拠はない。このほか赤色顔料の散布などからも推定されるように、縄文時代の墓にかかわる事象からは、当時の死生観としての再生観念が強くうかがえるのである。

また、これまでの考古学的な研究成果や民族学的な類推から、小中学校の教科書にも記載されてきたように、縄文時代にはアニミズムの思想があったとも考えられている。アニミズムとは、動植物のみならず無生物にもそれ自身の霊魂（アニマ）が宿っており、諸現象はその働きによるとする世界観のことで、民族学者のタイラーは、これを宗教の原初的形態と考えた。縄文人たちは、自分たちの周辺に絶えずさまざまな生命や魂を感じながら生活をしていたことだろう。

貝塚からは、動物の骨や貝殻、壊れた土器や石器などさまざまなモノが出土する。アニミズムの思想からすれば、縄文人たちはこれらのモノにも、生命や魂を感じていたはずだ。これらのモノが「この世」においてその役目を終えていく、そのようなときに縄文人たちはこれらのものを「あの世」へと送り出したのであった。やや逆説的になるが、「あの世」へと送り出すからこそ、人の遺体を「送り場」である貝塚に埋葬する必要があったのである。

そして、「あの世」へと送られた人やモノは、再生の儀式や儀礼、お祀《まつ》りによって、やがて「この世」へと回帰してくる。いわば、「あの世」と「この世」における「生命《いのち》の交換」である。その儀式のときに用いられた道具こそが「第二の道具」（呪術具）である土偶や石棒だったのだろう。

ほとんどの土偶は、乳房や性器の表現、あるいは妊娠を模した下腹部の表現から女性であったと考えられている。先にも述べたように新たな生命を生み出す出産間近の女性ということがポイントだ。また、石棒はその形状から勃起《ぼっき》した男性器（ファロス）を模したものと考えられている。勃起しているということが、新たな生命を生み出すことを象徴している。石棒のなかには、亀頭《きとう》部に意図的な摩擦や敲打《こうだ》を加えた痕跡《こんせき》が残っていたりするものがある。これなどは、儀礼のなかで疑似的な性行為を演出した証拠ととらえることも可能であろう（注48）。また、勃起したままでは疑似的な射精が行われたことにはならない。射精後には勃起状態は解除されなければならない。縄文時代の石棒の多くは意図的に破壊された痕跡をもつが、これは疑似的な射精、性行為を完了させる上で必要不可欠な行為だったのではないだろうか。

男性と女性の性的結合から、新しい生命が誕生することは縄文人たちも知っていた。これは、土器の把手《とって》部にわざわざイノシシ（海獣？）が交尾している姿を写したものがあることや、土器に性器をあらわにした男女一対の形象を付加したものがあることからもうかがうことができる。

交尾するイノシシを表現した土器[15]
（青森県大湊近川遺跡出土）

これらの諸点を総合してみると、縄文時代の人々の死生観は次のようにまとめることができるのではないか。当時の人々は生きとし生けるものすべてが、性的な結合を媒介として「この世」と「あの世」を往来し、生まれては死に、そしてまた生まれるということを繰り返している、すなわち生命は循環していると考えていた、と。

縄文時代の死生観と「千の風になって」

さて、ここで考えなければいけないのは縄文時代の「あの世」の中身だ。仏教やキリスト教の世界にも「あの世」の思想は存在する。それはたとえば「極楽」であり、「天国」であり、「地獄」などである。それらは「天寿国繡帳《てんじゆこくしゆうちよう》」や「地獄草紙」などのほか、さまざまな宗教絵画といった形で、まさに私たちが生きている「この世」とは異なった、死後の別の世界として視覚化されてきた。特に末法思想が広がった平安時代から鎌倉時代には、「あの世」を描いた絵巻物がたくさん描かれた。現在の私たちが考える「あの世」のイメージも、これらの視覚化された絵巻物や、これらをもとに作られた説話や噺《はなし》、映画やテレビなどによるところが大きい。

だが、縄文時代の人々が考えた「あの世」は、仏教やキリスト教で考える「あの世」とはかなり違うものであったようだ。生命の循環を信じ、アニミズムの思想を持つ縄文時代の人々にとって「あの世」とは、系譜関係を意識したとしても、まさしく自然の中に還《かえ》るということにほかならなかっただろう。生きている今は人として生きているが、死んだら自然の一部となり、そしていつか「この世」へと再生してくる。さきにも述べたように、これこそが縄文時代の基層的な死生観であったと、私は考えている。

現在のところもっとも古い人類だとされているサヘラントロプス・チャデンシスは、いまからおよそ七〇〇万年前から六五〇万年ほど前に、アフリカの地で生きていた。そこからさまざまな進化の枝分かれがあり、そのうちの一つがホモ・サピエンスへとつながった。いまからおよそ二〇万年ほど前のことである。ホモ・サピエンスは、サピエンス・イダルツ（古代型サピエンス）とサピエンス・サピエンスに分離されることもあるが、サピエンス・サピエンスの登場ですら、縄文時代の始まりよりも十倍も古い話なのである。

そして、私たちの身体の構造は、ホモ・サピエンス登場以降基本的に変化していない。いいかえれば、私たちの身体は遊動生活に適応したものなのであって、現在のような定住生活に適応したものではないのである。このことは、食物の栄養をどのように身体が取り込むのかを考えれば一目瞭然《りょうぜん》だ。遊動生活を行っている時代には、いつも身近なところに食糧が十分にあるとは限らなかった。絶えず空腹にさらされ、その反動で食物のあるときにはできるだけこの栄養を多く身体に蓄えようとした。私たちの身体は元来そのようにセッティングされているのだ。一方、現在の私たちの周りには食物があふれている。そのようななかで、高い栄養価をもつ食物を、本能のおもむくまま好きなだけ食べ続ければどうなるか。できるだけ食物の栄養を身体に取り込もうとしたらどうなるか。そう、糖尿病や高血圧などの生活習慣病にかかることは目にみえている。

身体がこのような適応状況であるならば、心の方はどうであろう。これはフランスのラスコーやスペインのアルタミラにおける洞窟《どうくつ》絵画や、石器の製作技法をみればわかる。洞窟絵画は構図や色彩、明度対照などが十分に考慮されたものであるし、石器の製作技法にいたっては、石刃などの目的的剝片《はくへん》から多種多様な道具を作り出すという非常に構造的なあり方をしている。これらの諸点は、少なくとも四万年前のヒトの認知能力が現代の私たちと比較して遜色《そんしょく》ないものであったことを示すものである。また、現代においても狩猟採集生活をおくる人々と都市に生活する人々の間において明確な心性の違いは認められていない。これらを勘案すると、身体と心の両面からみた場合、現代人は旧石器時代人、ましてや縄文人とほとんど変わらないということができるのだ。

なのに、現代の私たちの暮らしぶりはどうであろうか。非常に高い人口密度の中に暮らし、絶えず人間関係のストレスにさらされている。なんと非常に複雑で、ややこしい社会に生きていることであろうか。しかしこのような事態は、ヒトが定住生活を開始し、農耕・牧畜を行うようになってから、わずか一万年の間に起こった、ごく新しい急激なものなのである。

農耕や階級、都市などが成立し、物質文明が花開いてから、ヒトはまだ一万年程度という、人類史全体の約七〇〇万年からみればわずかな時間しか生きていない。誤解を恐れずにいえば、現在の宗教的思想もその成立は人類史からみた場合、たかだか一〇〇〇年単位という非常に新しいものなのだ。しかし考えてみて欲しい。ホモ・サピエンスは仏教やキリスト教といった宗教が成立してからよりも遥《はる》かに古い二〇万年間もの間、遊動生活を行い、自然の中で生き、そして自然の中で死んでいったのだ。人類史的にみても、死後は自然に還るという発想は、ごく自然、かつもっとも古く根源的なものだといい得るのだ。

そのような考え方からいえば、脳の死をもって人の死と認定し、そこに「命の区切りをつける」という、「脳死」の発想が、いかに近代的で科学的な様相をまとっていようと、なんだかもやもやとして違和感のあるものととらえられるのはむしろあたりまえのことであろう。人類史からみた場合、現在の科学的な死生観の方が、実は異常なのである。

いまの世のなか、死ぬことを少しも恐れない人はいないだろう。自分という存在が消えていくことに、大きな不安を感じる方も多いと思う。しかし、死んだ後も自分が風になり、光となり、雪となり、鳥となり、星となって自然の一部として存在しつづけているのだということになれば、一体どうであろうか。

もちろん縄文人とて死ぬことが怖くなかったはずがない。いかに再生観念が発達していようと、自分自身が現在の社会的関係性、たとえば家族であるとか仲間であるとか、そういったものから切り離されるということは、ましてや一度しか体験できないことでもあるのだから、それなりの怖れはあったはずである。また、残された側の精神的ダメージも皆無であったはずはない。このように考えると、死後、人が自然に還り、そして再び人としてもどってくるという再生の思想は、死を迎える本人だけではなく周囲の人々にとっても心の処方箋《せん》として機能していたということに気がつくだろう。

香山《かやま》リカ氏の著書に記載されているデータによると、小中学生のうち、死んだ人が生き返るかどうかという問いに対して、「はい」と答えた生徒の割合は一割から二割、香山氏の授業を受講する大学生では一三五人中の二四%が生き返ると答えたそうだ（注49）。また、前世がなんだった、あるいは亡くなった方がいまどうしている、オーラがどうだといったことを語るテレビ番組が高視聴率をあげているし、スピリチュアルうんぬんと銘打った書籍も売り上げを伸ばしている。また、自分の遺骨をお墓に入れるのではなく、山や海に散骨してほしいという人も増えているようだ。一見このような現象は、科学が発達した現在の技術大国日本のあり方とは明らかに逆行しているようにもみえる。しかし、その実は科学万能の考え方に対するアンチテーゼなのかもしれない。

現在の科学からみれば、一度亡くなった人が再び同じ人物として生まれ変わるということは、エントロピーの観点からもあり得ない。ましてや前世や霊魂などが物質量として存在することもないだろう。現代の科学的思想では、死＝消滅なのだ。しかし、このような死の理解の仕方がある一方、さきにあげた現状は、現在の人々が死に対して合わせ持っている不安や恐怖が如実に現れたものと理解することも可能だ。そのような不安を日々抱いているところへ、人は死んだ後も自然の一部となり、その存在が消えることはないのだというメッセージが、国民の半分近くが観ているテレビ番組から、しかも大晦日という一年の最後の日（終末）、明日は新年（新生）という民俗学的にも特別な日に、歌唱力抜群の歌手が歌う歌として、全国へ発信されたらどうなるだろうか。私のようなひねた人間にはここに少々「計算臭さ」を感じてしまうのだが、それはさておいても、その結果はごらんのとおりである。「千の風になって」は、現代人の死に対する不安や恐怖に対する心の処方箋として機能したのだ。マスメディアによる死にまつわる古くてそして新しい「物語」の提示は、人々の心を直撃したのである。

「千の風になって」がヒットした背景を、朝日新聞の磯村健太郎《いそむらけんたろう》氏はスピリチュアル（目にはみえないなにかとつながる感覚）と連動させてとらえている（注50）。磯村氏によれば、この現象は「「宗教」の物語が凋落したあと、（ポスト「宗教」）、宗教が体系化される以前（プレ「宗教」）への回帰という現象」であり、「近代化後にはぐくまれた「新しいスピリチュアリティ」として見るべきだ」と現代社会のあり方との関連性を指摘し、「生と死をめぐる閉塞感に風穴をあけてくれるものをもとめる時代精神を呼吸しているからこそ、これだけの社会現象となるのだ」と述べている。けだし卓見であろう。

人が亡くなった後も自然の一部として生き続けるという思想は、人類には非常に古くから存在し、それは少なくとも縄文時代から脈々と受け継がれてきた。科学文明が発達したにもかかわらず、経済的問題や環境問題などにより、閉塞《へいそく》感を強く覚えているいまこそ、人類史的にみてもっとも根源的な縄文時代の死生観が、心の処方箋として人々に求められているのではないだろうか。

縄文時代のもう一つの死生観

ここまで、縄文時代における墓のあり方、祖霊崇拝の存在、出産に関するさまざまな思想、呪術的な医療行為、縄文時代の人々の死生観について、考古学や人類学、ときには動物行動学や生態学の知見などを援用しつつ、かなりの寄り道をしながら述べてきた。当時の人々が、非常に複雑な思考をし、複雑な世界観、コスモロジーを持っていたことがおわかりいただけたであろう。読者のなかには、共感していただけた方もいらっしゃれば、そんなことあるかいと否定的にとらえる方もいらっしゃるだろう。それでいい。異なる意見があるからこそ、学問は進歩し、人の社会は変化していくからだ。

ただ、縄文時代の世界は非常に複雑なものであるので、さきに述べてきたことだけではまだまだいいたりないことがたくさんある。その一つが縄文時代におけるもう一つの死生観、すなわち祖霊崇拝だ。すべての箇所を補足すると、それだけでまた多くの枚数を必要とするので、死生観の部分についてのみ、ここで少々補足しておきたい。

死生観の変化

縄文時代の人々の死生観を語る上で注意しておかねばならないことがある。それは、縄文時代という一万年以上にもおよぶ時間のなかで、このような死生観が少しずつ複雑な方向へ変化していった可能性だ。たしかに人類史全体からみれば、一万年という時間は短いものだ。しかし、一世代三〇年とする人生の定規に照らした場合、この年月は三〇〇世代を大きく超える非常に長い時間ともいいえるのである。

教科書にもあるように、縄文時代は土器の使用が開始され、定住生活が始まった時代である。またこの時代は、それまでの日本の歴史にはなかったような、たとえば竪穴《たてあな》住居や貯蔵穴、アク抜き用施設、魚を捕るための罠《わな》など、多種多様な規模の構造物がつくられだした時代でもある。さらにまた、弓矢、石匙《いしさじ》、銛《もり》、石皿など、これまた多種多様な道具が作り出された時代でもある。それだけさまざまな構造物や道具が必要とされたということは、そのニーズが多種多様にわたっていた証拠であり、そのような要請をする社会はそれなりに複雑なものであったに違いない。細かいことをいうならば、三〇〇世代というこれだけの時間のなかで、なんら思想的変化が起こらなかったと考える方が不自然なのだ。

　自然に還り、そして再び戻ってくるという再生観念は、人類史的には非常に古くから存在したことであろうし、これが縄文時代にも基本的な思想であったことは間違いない。しかし、一方で、第一章で述べたような祖霊崇拝という考え方も、縄文時代には存在した。多数合葬・複葬例のあり方や、各地の環状列石や配石遺構の発達などをみる限り、この思想は縄文時代の後期ころから顕著になったようだ。石を使用した大規模なモニュメントが、祖霊崇拝を行うための舞台装置であるとするならば、それは早期の熊本県菊池《きくち》郡大津《おおづ》町瀬《せ》田《た》裏《うら》遺跡や前期の長野県諏訪郡原《はら》村阿久《あきゅう》遺跡などにもみることができ、場合によっては祖霊崇拝の成立がこのころまでさかのぼる可能性もある。

　祖霊という観念が成立するためには、自分自身がどのような人間関係のなかで生まれてきたのかという、出自系譜関係の歴史的認識が必要だ。縄文時代の墓が家族単位で形成されているということは、先にも述べたとおりであるが、家族単位というこの墓のあり方こそ、その系譜関係を直接的な遺伝関係のなかで絶えず認識させる格好の題材となったことは想像に難くない。また、定住性の高まりもこれに一役買ったことであろう。縄文時代の人々は、墓をつくるごとに自らがどのような出自をもち、どのような系譜の上に存在するのかということに思いをはせたにちがいない。家族の遺体を一定の場所の中に埋葬し続けることによって、結果的に形成される埋葬群という家族の墓場は、出自の歴史的認識という視覚的表現にほかならない。

大きな自然の中に還るという再生観念と、自らがどのような系譜上にいるのかという出自の歴史的認識、そしてその延長上にある祖霊崇拝の思想。一見、相反するようなこの二つの思想が、縄文時代の後半期には人々の思考のなかに共存していたということは押えておく必要がある。縄文時代の死生観は再生・循環という基層の上に出自系譜の歴史的認識が重層化する複雑なものであったということができるだろう。そしてこの重層化した死生観は弥生時代以降、階級の成立とともに上位階級ではその比率をしだいに逆転させていくのである。

死の利用とコントロール

このようにみていくと縄文人たちは死を怖がり、いたずらに遠ざけていたのではなく、むしろ身近なものととらえ、さらには集団内外の結びつきの確認や強化、財産や権威、序列などの継承といった、いま現在生きている人々の社会的関係性の維持・再生産のために「利用」していたということがわかるであろう。そして、そのような「死の利用」が具体的に行われた場所が、視覚的な要素を多分にもつ環状列石などの墓地・墓域であり、個別の墓であったのである。中妻貝塚の事例にみられるように、すでに一度埋葬された遺体を掘り起こし、それを再埋葬することによって新たな集団関係を生成するという行為は、死者を現世の人々のためにまさに利用するということにほかならない。死者の眠りを中断させ、その死後のあり方すら変更してしまうその方法は、死そのものを現世の必要性からコントロールするということなのである。

これはなにも縄文時代に限ったことではない。弥生時代の大型墳丘墓や古墳時代の前方後円墳など、墓そのものが社会的関係性の維持・再生産の場として機能したと考えられる事例は多い。たとえば島根県出雲市《いずも》に所在する大型の墳丘墓である西谷《にしだに》3号墓の墳丘上からは出雲地方でつくられた土器だけではなく、吉備《きび》地方（岡山県）で製作された土器や丹《たん》後《ご》から北陸《ほくりく》（丹越《たんえつ》）地方の影響を強く受けた土器が出土している。またこれらの土器は、そのまま据え置かれたような状況ではなく、あたかも共飲共食後に一括して廃棄されたがごとき状況で出土している。このことは西谷3号墓に埋葬された「出雲の王」の葬儀にあたって、吉備地方や丹越地方からも参列者のあったことを推測させる（注51）。王の死を媒介として出雲と吉備・丹越の関係性が確認・維持・再生産されたことがうかがわれる。

死の場面にあたって、権力や権威、序列が継承・確認・認知されるという状況は現代社会においても存在する。たとえば、社長の死を会社全体で悼む社葬などは、その顕著な例であろう（注52）。社長が亡くなったとしても、会社そのものが消滅する訳ではない。会社が活動を維持していくためには早急に組織の再編成が行われる必要がある。その際、誰が社葬を取り仕切るか、葬儀委員長として誰が選ばれるかによって、次期社長が暗黙の内に選出される場合も少なくはない。またこのときに実力者同士がパワーゲームを演じ、自身は表舞台にはでないものの、影響力を行使できるような傀儡《かいらい》社長を作り出すこともある。さらには、当初目されていた人物とは異なる予想外の人物が急浮上することもある。そしてその力学関係は社葬という会社内外の重要人物が多数集まる公的な場において、多くの関係者に認知されていくことになる。このように、社葬とは後継者の確定と組織の改変およぴ存続を象徴的に表現するパフォーマンスの場なのである。これら一連の事象は、日本考古学でいう「古墳墳丘上における首長霊の継承」過程（注53）や、あるいはアメリカ考古学でいう「アントレプレナー型社会」における指導者の生成と機能的に一脈通じるものであろう（注54）。

また、現世の要求から死のあり方をコントロールするということで言えば、死の基準そのものを現代社会の都合に合わせて伝統的思考から変更することを要求する脳死の認定、およびそれを前提とした臓器移植関連法の成立などは、まさにこれにあてはまるものであろう。

死の利用とコントロールは、縄文時代にはすでに始まっていた。視覚的に訴える環状列石などのモニュメント・セメタリーや多数合葬・複葬例の存在はそれを雄弁に物語っている。そしてその機能と構造は、縄文時代から現代社会にまで脈々と継承されてきているのである。

複雑な精神文化を生み出した背景、それに共感する背景

さきにも述べたように、旧石器時代の人々は、その食糧となる資源を追いかけて遊動生活を営んでいた。それが縄文時代になると、定住生活を行うようになったと、一般的には記述される。その理由についてはここでは詳しく触れないが、定住化が進展すればするほど、遊動生活を行っていたときには問題とならなかったような、さまざまな社会的問題が生じてくる。元筑波大学の西田《にしだ》正規《まさき》氏はそのように述べ、定住生活を行う上で生じる問題点をいくつか挙げている（注55）。たとえば廃棄物（食物残渣・排泄《はいせつ》物等）の処理に関する問題である。遊動生活をしていたときには、これらの廃棄物はそのまま適当に捨てておけ

ばよかったが、定住生活を行うとなると安全性・快適性を維持するために廃棄場所を決めるなど、集落の内部空間を計画的に配置・利用することが必要となってくる。これが結果として、土器溜《だ》まりや貝塚として残される。また、定住することにより、これまでのように食糧の存在する場所を追いかけていくような生活パターンは採れなくなる。したがって、定住するためには、集落からさほど遠くない距離の範囲内で、集落の人口を支えるために十分な量の食糧を確保するということが必要となる。さらに定住するようになると、単位面積あたりにおける人口密度が上昇するとともに、ほかの人や集団と顔を突き合わせる機会や一緒にいる時間が多くなり、コミュニケーションの量が飛躍的に増加する。このことは、従来の遊動生活にはなかった過度のストレスを個人や集団間に生じせしめることになる。このようなストレスによる対立を回避し解消させるために、さまざまな取り決めごと、すなわち「ムラの掟《おきて》」が必要となってくる。また、生活している間には、構成員の死亡や各種の災いなどが降りかかったことであろう。これらの災いや不幸から逃避するために、呪術などの観念的側面を発達させる必要があったはずである。

西田氏がいうように、通年的な定住生活を長期にわたって営むためには、これらの諸問題に対応できる社会システムを発達させていく必要があった。それゆえ、定住生活が進展していくに従い、旧石器時代よりも「複雑な社会」が形成されていったのである。この

「複雑な社会」は、縄文時代を通してしだいに発達していったものであり、草創期から晩期にかけて増加していく道具や施設の多様化、祭祀具の多様化、墓制の多様化などに、その「複雑化」の進展過程を看取することができる。弥生時代以降に出現する階級社会も、このような「複雑化」の延長線上にとらえることができるだろう。当然ながら縄文時代の複雑な死生観もそのような複雑な社会のなかから生まれてきた思想なのである。

一定地域における人口密度のさらなる上昇が社会の複雑化を促進させてきたと考えるならば、私たちの生活範囲は好むと好まないとにかかわらず、歴史的にはしだいにせばまってきているといういいかたができるだろう。旧石器時代の人々は、居住地を固定化せずに広い範囲を遊動していた。ところが縄文時代になり定住化が始まると、集落を移動させる機会が減少する。当然ながら、人々の生活範囲は旧石器時代と比較して小さくなったし、また定住化が進展すればするほど、それはしだいに小さくなっていったことだろう。これが弥生時代になると、灌漑《かんがい》水田稲作の開始によって前代に比べてさらに移動が難しくなった。弥生・古墳時代を通じて階級が発達していくと、それにともなって労働分化が発生する。この段階で、マンパワーを恒常的に生産力・労働力として搾取する政治的な意図から、個々人の生活範囲は大きく制限されるようになったに違いない。このような行動制限は、古代にいたり班田収授《はんでんしゅうじゅ》の法や庚午年籍《こうごねんじゃく》の作成といったさまざまな政策によって、がっちりと子々孫々永代的に固定化されていく。そして一方で、完全に定住化せずに狩猟採集漁撈《ぎょろう》をおもな生業《なりわい》とした人々は、「まつらわぬもの」として差別の対象とされるようになるのである。通年的な完全な定住生活が政治的な意図のもと助長され、強制されるようになっていったことには注意しておくべきであろう。人は必ずしも定住をしたくてしたのではない。それを政治的に強制されたという側面もあったのだ。そして、労働力や生産力を収奪することが難しい狩猟採集民を差別するように意図的に教育されたのである。このことは、私たちが縄文人や世界各地の狩猟採集民について考える上で絶対に克服しておかなければならないドグマである。私たちは、概して現代の狩猟採集民の人々を自分たちよりも「劣った人々」だと考えがちである。土地を持ち、定住することがよいことだと思いがちである。それが本当に正しいのかどうか、いま一度考えてみる必要があるだろう。

現代では、憲法によって居住地選択の自由が保障されている。しかし、だからといって勝手気ままな遊動生活ができるわけではない。高度情報化社会においては、むしろ行動が、ある意味いっそう制限されるようになったといっても過言ではない。たとえば、現在では必要不可欠の生活ツールとなりつつある携帯電話などは、定住生活の究極型と位置づけることができよう。どこにいても、他者によって「つかまえることができる」状況は、物理的距離がどれだけ離れていようとも、絶えず隣に誰かが「存在する」という状況を作り出している。そして、その誰かは必ずしも歓迎すべき人物だとは限らない。ましてやGPS機能などによって現在位置までが特定されるにいたっては、まったくといってよいほど個人の「逃げ場」がなくなってしまっているといってもよい。もはや、現代人は精神的に携帯電話の中という非常に狭い範囲で暮らし始めているのである。このような状況は、想像を絶するようなとてつもなく高い人口密度の中で暮らしているのと同じだ。しかし、その一方でそこで形成されるコミュニケーションの濃度は極端に薄くなることは容易に想像できる。人の情報処理能力自体はホモ・サピエンスが誕生したころからさほど変わっていないからである。

人口密度が高くなれば、さらに複雑な社会が生成される。しかし、コミュニケーションの濃度が複雑化に反比例して薄くなれば、個人主義が台頭し、それが集団規制よりも上位にくる場面が生じるということは容易に想像できる。それは死に臨んだ場合とて例外ではない。たとえば「遺骨を海に流してください」「見晴らしのよい山に散骨してほしい」といって、既存の宗教儀式のもとに墓に入ることを拒否したりすることなどは、そのあらわれではなかろうか。

しかし、そのような「逝《い》き様《ざま》」が個人レベルで多様化するにしても、なぜそのような行為をするのかという説明は、逝く当事者にも送る他者にとっても、精神的な安定を求める上で必要とされる。そのようなときに、私たちホモ・サピエンスがもっとも古くから親しんできた回帰再生を基本とする縄文的な死生観が脚光をあびるというのもまた自然ではないかと思うのである。

エピローグ

考古学を学び始めてから、はや二〇年あまりが経過した。この間に発掘調査や民族調査他でシリア、タイ、ロシア、中国、韓国、香港、オーストラリアなど、いろいろな所に行くことができた。

なかでも衝撃的だったのが、私にとって最初の本格的海外調査となった西アジアのシリアであった。私たちモンゴロイドとは異なる顔形、身振り手振りさえまったく通じない言葉の壁。それどころか、日本人究極のコミュニケーション手段である微笑すら、好奇と不安が入り交じった鋭い眼差《まなざ》しに跳ね返された。毎日がカルチャーショックであった。照りつける日差しは想像以上に強く、太陽は黄色いものだということを初めて実感したのもシリアであったし、人が生きていくというたくましさを知ったのもシリアであった。調査遺跡であるテル・アレイの丘の上に立ち、久保田早紀《くぼたさき》さんのヒット曲である「異邦人」を歌いながら、人間の多様性について考えたことも、いまとなっては懐かしい。

シリアでは、新石器時代のテル（遺丘）を調査しながら、地元の人々やベドウィンの人々の暮らしぶりに触れることができた。そのときにみた彼らの墓地の光景は忘れられない。イスラム教の世界における墓は基本的に土葬であり、遺体を横に寝かせた形で埋葬を行う。そして、埋葬をする際には、遺体の顔をメッカの方向にむける。この場合、顔は必ず右向きでなければならないとのことであった。この状態で顔の向きを特定の方向にむけるということは、いきおい頭位方向がそろうということだ。遺体の頭側には石やコンクリートで墓標を立てる。メッカに巡礼に行くことができた人の場合、この墓標には特別な飾り付けが施され、そして緑色に塗られる。それは巡礼に行った人と、それを行い得なかった人との間に、明確な宗教的格差が存在することを示していた。もし、これをそういった情報がない状態で解釈したら、一体どうなるであろうか。

　また、墓をつくる場所とそのつくり方にも驚かされた。私たちの感覚では、斜面に墓をつくるとき、頭は斜面の上側、高い方に置くと思う。しかし、私がシリアの片田舎で見た風景は異なっていた。ヒッティ（シャガル・バザル）という古代都市にある大きなテルの斜面一体が墓地となっていたのだが、個々の墓は登るのも一苦労するような急な斜面の下側、低い方にわざわざ頭を向けて埋葬されていたのだ。私は、調査に同行していたシリア人のインスペクター（調査監視員）に、なぜこのように遺体が逆立ちしているかのような状態で埋葬を行っているのか、訊《たず》ねてみた。彼は逆になぜそのような質問をされるのか不思議だというような顔をしながら、遺体の顔をメッカの方角へ向けるためだと答えてくれた。信仰を貫き通すという強い理由がある場合には、このような墓のつくり方も行われるのだ。そのとき、私は自分の常識や当たり前、普通の感覚が、住む世界が異なってしまえばまったく通じないものであるということに、改めて気づかされた。たとえ目の前に見えていたとしても異なる文化、風習、習慣を理解するということは非常に難しいものなのだ。ましてや、それが何千年も前のものであったらどうであろうか。

ふりかえって、縄文時代の思想や死生観について考えてみる。私が本書で示しえた縄文時代の思想や死生観は果たして正しいのであろうか。これも、また現代という世界に生きる自分に都合のよいように解釈したにすぎないのではなかろうか。そのような思いが胸をかすめる。しかし、一方ではこうも思う。過去の文化、事象を一定のものの見方によって再構成し、叙述することこそ歴史なのだと。この評価は、後の研究者たちが決めてくれるだろう。

今回、私は生と死、死生観をキーワードとして、縄文時代の精神文化のあり方について、そして縄文時代からみた現代社会について、いささか、ときにはかなり大胆に考えてみた。これが正しい歴史認識であるのかどうかという点については、今後さらなる検討と検証を行わなければならないだろう。だが漫然と事実を積み上げるだけでは、何も見えてこないし、そこから何も学ぶことはできない。「学問においては豊かな想像力と解釈に基づく仮説の提示が決定的に重要である」という、恩師の言葉に勇気付けられながら、ひとまず本書の擱筆《かくひつ》としたい。

本書はDNA考古学会の席上において東洋書店の小川栄一さんに出会わなければ出版できなかった。この幸運に感謝したい。また、本書の企画・構成など、小川さんには完成にいたるまで大変なご苦労をかけた。最後になったが、改めてお礼申し上げたい。

文庫版あとがき

『生と死の考古学』が刊行されたのは二〇〇八年のことであった。筆者にとっては初めての一般向け書籍であり、非常に思い入れの強い本でもあった。刷り上がった見本版が送られてきたときの高揚感を、今でも昨日のことのように覚えている。それから一〇年の歳月がたち、このたび角川ソフィア文庫として再版されることになった。諸般の事情から『生と死の考古学』は絶版となっていたが、まだ書籍としての寿命が尽きていなかったということであろう。本当に嬉《うれ》しいかぎりである。

この一〇年間、考古学の世界では様々なことがあった。特に、縄文時代の研究に関して言えば、縄文人がマメ科植物の栽培を行っており、これを「縄文農耕」として捉《とら》えることができるのではないかといった議論をはじめ、多くの発見と研究の進展があった。本書との関連で言えば、考古学と密接な関係をもつ人類学の研究、特に人骨に残されていた古DNAや各種同位体の研究などが格段に発展し、もはや縄文時代の社会構造について人類学的情報抜きで語ることはできなくなりつつある。

また、昨今では「土偶女子」などをはじめとして、「縄文ブーム」とでも呼ぶべきムーブメントが起こっている。これまでとは違い、「専門家」によらない縄文時代に関する書籍が多く刊行され、各地の史跡公園等では縄文人のコスプレを行う人々さえ見かけるようになった。「縄文で遊ぶ」という、このような動向自体は多いに歓迎されるべきだろう。しかし、一方で各人の「過去に対する熱い想い」と学術的見解はまた別のものであり、研究者は冷静にその部分を伝えるべきだとも思う。要はバランスが必要だということだ。

この他、『生と死の考古学』で取り上げた内容についても、様々な反応があった。多くは好意的なものであり、私も安心したのだが、中には研究者からの反論もあった。たとえば、第二章においてとりあげた前浜貝塚の妊産婦の埋葬例については、某氏より筆者の説は成り立ち得ないと、かなりきつい言い回しのご批判を賜った。しかしながら、その根拠を検証したところ、肝心の炭素年代測定に関して致命的な誤謬《ごびゅう》があることなど、某氏からの批判そのものにこそ解決すべき問題点が存在することもわかった。年代測定法に理解のある人が読めば判ることなのでさして言及せずにいるが、いずれ書籍・論文等の中で反論したいと思っている。

ただ、学問が正しく進んでいくためにはこのような反論、そしてそれに対する反論と、学術的議論が幾重にも重ねられていくことが非常に重要である。装いも新たになった本書が、再びそのような研究の進展に寄与し、そして一般の方に楽しく読んでいただけるのならば、筆者としてこれ以上の喜びはない。

今回の文庫化は、株式会社KADOKAWAの伊集院元郁氏に負うところが大きい。氏のお陰で、絶版となった『生と死の考古学』が『縄文人の死生観』として「再生」された。最後になったが、ここに記して感謝したい。

二〇一八年四月一九日

山田　康弘

注釈

注1　山田康弘一九九五「多数合葬例の意義」『考古学研究』42(2)。
注2　谷畑美帆・鈴木隆雄二〇〇四『考古学のための古人骨調査マニュアル』学生社刊や片山一道一九九〇『古人骨は語る』同朋社刊などの書籍がある。
注3　山田康弘一九九九「縄文人骨の埋葬属性と土壙長」『筑波大学先史学・考古学研究』10。
注4　谷口康浩一九九九「環状集落から探る縄文社会の構造と進化」『最新縄文学の世界』朝日新聞社刊。
注5　林謙作一九七七「縄文期の葬制第2部」『考古学雑誌』63(3)および林謙作一九九八「縄紋社会は階層社会か」『古代史の論点』4　小学館刊を参照のこと。
注6　篠田謙一二〇〇七『日本人になった祖先たち』NHKブックスを参照のこと。
注7　Adachi, N. Suzuki, T. Sakaue, K. Takigawa, W. Ohshima, N. and Dodo, Y. 2006: Kinship analysis of the Jomon skeletons unearthed from a double burial at the Usu-Moshiri site Hokkaido, Japan. Anthropological Science 114 (1).
注8　篠田謙一・松村博文・西本豊弘一九九八「DNA分析と形態データによる中妻貝塚出土人骨の血縁関係の分析」『動物考古学』11。

注9　PCR（polymerase chain reaction、ポリメラーゼ連鎖反応）法は、簡単に言うと、欲しい場所のDNAを短時間にしかもたくさん増幅させることのできる技術。これについては注6文献のほか、宝来聰一九九七『DNA人類進化学』岩波書店刊に詳しく解説されている。

注10　太田博樹・M・ハドソン一九九八「先史考古学とDNA：応用と方法」『考古学研究』45(2)。

注11　田中良之一九九五『古墳時代親族構造の研究』柏書房刊などがある。

注12　百々幸雄一九八一「宮戸島里浜貝塚出土の縄文時代頭蓋について」『人類学雑誌』89(3)。

注13　山田康弘二〇〇一「縄文人骨の形質と埋葬属性の関係（予察）―頭蓋形態小変異と埋葬位置、抜歯型式について―」『日本考古学協会第67回総会研究発表要旨』。

注14　宮内良隆・西本豊弘一九九三「茨城県取手市中妻貝塚における多数合葬の考察」『日本考古学協会第59回総会研究発表要旨』。

注15　R・スミス一九八三『現代日本の祖先崇拝』御茶の水書房刊、H・オームス一九八七『祖先崇拝のシンボリズム』弘文堂刊を参照のこと。

注16　山本暉久一九八〇「縄文時代中期終末期の集落」『神奈川考古』9。

注17　宮本長二郎一九八三「関東地方の縄文時代竪穴住居の変遷」『文化財論叢』奈良国立文化財研究所。

注18　高田博編一九八六『千原台ニュータウン3　草刈遺跡（B区）』千葉県文化財センター。

注19　注15に同じ。
注20　百々幸雄一九七九「宮城県本吉郡本吉町前浜貝塚出土人骨」小井川和夫編『前浜貝塚』本吉町教育委員会。
注21　藤田尚一九九七「愛知県渥美半島出土の縄文時代人骨の抜歯」『古代』104。
注22　長谷部言人一九一九「石器時代人の抜歯に就て」『人類学雑誌』34（11・12）。
注23　春成秀爾一九七三「抜歯の意義(1)」『考古学研究』20(2)。
注24　M・エリアーデ一九七一『生と再生』東京大学出版会刊。
注25　大林太良一九七七『葬制の起源』角川書店刊。
注26　Murdock, G. 1965: Comparative Data on the Division of Labor by Sex. *Culture and Society*, University of Pittsburgh Press.
注27　鈴木棠三一九八二『日本俗信辞典』角川書店刊。
注28　大林太良一九九二「日本の狩猟・漁撈の系統」『狩猟と漁労』雄山閣刊などを参照のこと。
注29　河内まき子一九九二「身長の地域差は何を意味するか」『狩猟と漁労』雄山閣刊をはじめとして多くの研究がある。
注30　春成秀爾一九八〇「縄文晩期の装身原理」『小田原考古学研究会会報』9。
注31　木下尚子二〇〇〇「装身具と権力・男女」『古代史の論点』2　小学館刊。
注32　鈴木隆雄一九九八『骨から見た日本人』講談社選書メチエ142。

注33　当時国立科学博物館にいらっしゃった山口敏《やまぐちびん》先生にご教示いただいた。
注34　山田康弘二〇〇四「縄文時代の装身原理」『古代』115。
注35　Gelfand, M. 1956: Medicine and Magic of Mashona, Juta and Company Limited.
注36　山田康弘一九九七「縄文時代の子供の埋葬」『日本考古学』4。
注37　藤本十四秋一九八三『臨床人体発生学』南江堂刊。
注38　木村邦彦一九七九「発生―受精から出生まで―」木村編『人類学講座』8　雄山閣刊。
注39　浅見千鶴子・稲毛教子・野田雅子一九八〇『乳幼児の発達心理』1～3、大日本図書刊。
注40　辻村純代一九九三「古代日本における子供の帰属」『考古論集―潮見浩先生退官記念論文集―』。
注41　小林達雄一九八八「日本文化の基層」『日本文化の源流』学生社刊。
注42　山田康弘一九九六「縄文時代の大人と子供の合葬」『考古学雑渉―西野元先生退官記念論文集―』。
注43　注36に同じ。
注44　山田康弘一九九四「縄文時代の妊産婦の埋葬」『物質文化』57。
注45　能登健一九八三「土偶」『縄文文化の研究』9　雄山閣刊。
注46　チンパンジーの「子殺し」については、西田利貞一九九四『チンパンジーおもしろ観察記』紀伊国屋書店刊など、いくつもの書籍において報告・紹介されている。ちなみにチンパンジーの社会には「嫁いびり」という行為があることもわかっている。

注47　長谷部言人一九二四「蹲葬の起源に就て」『人類学雑誌』35(1)に紹介されている。
注48　山田康弘一九九四「有文石棒の摩滅痕」『筑波大学先史学・考古学研究』5。
注49　香山リカ二〇〇六『スピリチュアルにハマる人、ハマらない人』幻冬舎新書。
注50　磯村健太郎二〇〇七『〈スピリチュアル〉はなぜ流行るのか』PHP新書。
注51　渡辺貞幸二〇〇八「王墓出現とその背景」『しまねの古代文化』15。
注52　中牧弘允編一九九九『社葬の経営人類学』東方出版。
注53　近藤義郎一九八三『前方後円墳の時代』岩波書店170～171頁、などを参照のこと。
注54　Hayden, B. 1995 'Pathways to Power-Principles for Creating Socioeconomic Inequalities' in Price, D. & Feinman, G. eds. *Foundations of Social Inequality*, Plenum Press.
注55　西田正規一九八四「定住革命」『季刊人類学』15(1)。

参考文献

本書を執筆するにあたっては以下の文献を参考にした。また、本文注にて既出のものについて割愛した。さらに詳しい文献リストについては山田二〇〇八『人骨出土例にみる縄文の墓制と社会』同成社刊を参照されたい。

全体を通してのもの
石川栄吉・梅棹忠夫・大林太良・蒲生正男・佐々木高明・祖父江孝男編一九八七『文化人類学事典』弘文堂
清野謙次一九二五『日本原人の研究』岡書院
清野謙次一九四六『日本民族生成論』日本評論社
清野謙次一九四九『古代人骨の研究に基づく日本人種論』岩波書店
斎藤忠一九七八『日本史小百科』第4巻、墳墓、近藤出版社
春成秀爾二〇〇二『縄文社会論究』塙書房
林謙作二〇〇一『縄文社会の考古学』同成社
山田康弘二〇〇八『人骨出土例にみる縄文の墓制と社会』同成社

第一章

梅原猛・安田喜憲編一九九五『縄文文明の発見―驚異の三内丸山遺跡―』ＰＨＰ研究所

岡田康博二〇〇〇『遙かなる縄文の声―三内丸山を掘る―』ＮＨＫブックス844、日本放送協会

高橋龍三郎一九九一「縄文時代の葬制」山岸良二編『原始・古代日本の墓制』同成社

土肥直美・田中良之・船越公威一九八六「歯冠計測値による血縁者推定法と古人骨への応用」『人類学雑誌』94(2)

平本嘉助・溝口優司一九八六「草刈遺跡出土人骨について」高田博編『千原台ニュータウンⅢ　草刈遺跡（Ｂ区）』千葉県文化財センター

山田康弘二〇〇七「総論　縄文時代の葬制」小杉康他編『縄文時代の考古学』9、葬制、同成社

渡辺新一九九一『縄文時代集落の人口構造』私家本

第二章

五十嵐由里子一九九二「日本人女性骨盤の妊娠痕について（英文）」『人類学雑誌』第100巻第3号

五十嵐由里子一九九二「縄文人の出生率の地域差について―妊娠痕の分析―」『人類学雑誌』

第100巻第3号
伊谷純一郎一九八〇『トゥルカナの自然誌』雄山閣
上野正一九六七「歯牙の形成と萌出」『成人看護学歯科』メヂカルフレンド社
恩賜財団母子愛育会編一九七五『日本産育習俗資料集成』第一法規出版
P・グベール（遅塚忠躬・藤田苑子訳）一九九二『歴史人口学序説』岩波書店
更科源蔵一九八二『アイヌの民俗（下）』アイヌ関係著作集第5巻、みやま書房
畑俊夫一九八七「妊娠の成立」『産科婦人科学』へるす出版
舟橋京子二〇〇三「縄文時代の抜歯施行年齢と儀礼的意味―晩期西日本の諸遺跡出土人骨を対象として―」『考古学研究』50(1)

第三章

江坂輝彌一九七〇『宮野貝塚遺跡調査概報』三陸町教育委員会
杉山寿栄男一九三六『アイヌたま』(一九九一年に北海道出版企画センターより復刻)
鈴木隆雄一九九八「人骨から得られる情報」馬場悠男編『考古学と人類学』同成社
波平恵美子編一九九三『文化人類学』医学書院

第四章

秋葉英則一九九二『発達心理学概説』清風堂書店

荒井良一九九一『幼い生命と健康』岩波書店
P・アリエス（杉山光信・杉山恵美子訳）一九八〇『〈子供〉の誕生』みすず書房
岡本孝之一九八四「縄文人の死産児」『異貌』第11号
大藤ゆき一九六八『児やらい』岩崎美術社
木村邦彦編一九七九『人類学講座』第8巻　成長、雄山閣
佐原真一九八五「奴隷をもつ食料採集民」『歴史公論』第114号
手塚均編一九八六『田柄貝塚I』宮城県教育委員会
長谷部言人一九二七「石器時代の死産児甕葬」『人類学雑誌』第42巻第8号
黄展岳一九八七a「中国古代的人牲人殉問題」『考古』一九八七年第2期
黄展岳一九八七b「中国史前期人牲人殉遺存的考察」『文物』一九八七年第11期
藤田等一九八八「北部九州における弥生時代未成人埋葬について」永井昌文教授退官記念論文集刊行会編『日本民族・文化の生成』六興出版
P・ホロシフ（岩本義雄訳）一九八三「イルクーツク市ロコモチフスタジアムにおける新石器時代の墓地」ゲ・イ・メドヴェヂェフ他編（岩本義雄他訳）『シベリア極東の考古学3　東シベリア篇』河出書房新社
宮田登一九九六『老人と子供の民俗学』白水社
最上孝敬一九六〇「子墓をめぐって―子供の葬法と墓制―」『民俗』第40号

第五章

井上治代二〇〇三『墓と家族の変容』岩波書店
江坂輝彌一九六〇『土偶』校倉書房
江坂輝彌一九七〇『宮野貝塚遺跡調査概報』三陸町教育委員会
江坂輝彌一九九〇『日本の土偶』六興出版
M・エリアーデ（堀一郎訳）一九七一『生と再生』東京大学出版会
川田順造一九七六『無文字社会の歴史—西アフリカ・モシ族の事例を中心に—』岩波書店（二〇〇一年に岩波現代文庫学術60として再版）
佐々木孝次一九九二『祖霊という装置』青土社
R・スミス（前山隆訳）一九八三『現代日本の祖先崇拝（下）』御茶の水書房
田中良之一九九三「古代社会の親族関係」『原日本人』朝日ワンテーママガジン第14号、朝日新聞社
田中良之二〇〇〇「墓地から見た親族・家族」都出比呂志・佐原真編『古代史の論点』第2巻 女と男、家と村、小学館
E・M・トーマス（荒井喬・辻井忠男訳）一九八二『ハームレス・ピープル 原始に生きるブッシュマン』海鳴社
西田利貞一九九九『人間性はどこから来たか—サル学からのアプローチ』京都大学学術出版会

西田正規一九八六『定住革命』新曜社
林茂樹編一九六八『月見松遺跡緊急発掘調査報告書』伊那市教育委員会
文化庁編一九八〇「異常死者・幼児・妊産婦の葬法」『日本民俗地図』7、財団法人国土地理協会
A・V・ジェネップ（秋山さと子・彌永信美訳）一九七七『通過儀礼』思索社
ヘンシェン（鈴木誠・高橋譲訳）一九七四『頭骨の文化史』築地書館
B・マリノウスキー（泉靖一・蒲生正男・島澄訳）一九七一『未開人の性生活』新泉社
宮宏明一九九五「手形付土版・足形付土版と通過儀礼―北海道余市入舟遺跡出土の当該資料をめぐって―」『祭祀考古』第4号
山極寿一一九九四『家族の起源―父性の登場―』東京大学出版会
渡辺貞幸二〇〇八「四隅突出型墳丘墓と出雲世界」甘粕健編『倭国大乱と日本海』同成社

図版・写真出典

1　宮内良隆・西本豊弘編一九九五『茨城県取手市中妻貝塚発掘調査報告書』取手市教育委員会　茨城県取手市埋蔵文化財センター
2　谷畑美帆・鈴木隆雄二〇〇四『考古学のための古人骨調査マニュアル』学生社
3　山田康弘二〇〇八『人骨出土例にみる縄文の墓制と社会』同成社
4　青森県史編さん考古部会編二〇〇二『青森県史　別編三内丸山遺跡』青森県教育委員会
5　公益財団法人千葉県教育振興財団承諾　高田博編一九八六『千原台ニュータウンⅢ　草刈遺跡（B区）』千葉県文化財センター
6　明治大学博物館提供
7　小井川和夫編一九七九『前浜貝塚』宮城県本吉町教育委員会
8　北杜市教育委員会提供
9　山田康弘一九九七「縄文家犬用途論」『動物考古学』第8号より作成
10　石井礼子氏画　国立歴史民俗博物館編二〇〇一『縄文文化の扉を開く―三内丸山遺跡から縄文列島へ』展示図録
11　栃木県教育委員会提供　大阪府立弥生文化博物館編一九九八『縄紋の祈り・弥生の心―森

の神から稲作の神へ』平成十年度春季特別展図録
12　南アルプス市教育委員会提供
13　釈迦堂遺跡博物館提供　大阪府立弥生文化博物館編一九九八『縄紋の祈り・弥生の心—森の神から稲作の神へ』平成十年度春季特別展図録
14　秋田県鹿角市教育委員会提供　大湯ストーンサークル館ホームページ
15　青森県埋蔵文化財調査センター所蔵　国立歴史民俗博物館編一九九六『動物とのつきあい—食用から愛玩まで』企画展示図録

（本文中、図版・写真のキャプションに番号を付しました）

本書は、二〇〇八年に東洋書店より刊行された『生と死の考古学 縄文時代の死生観』を改題し文庫化したものです。

縄文人《じょうもんじん》の死生観《しせいかん》

山田康弘《やまだやすひろ》

平成30年 6月25日　初版発行
令和7年 5月15日　13版発行

発行者●山下直久

発行●株式会社KADOKAWA
〒102-8177　東京都千代田区富士見2-13-3
電話　0570-002-301(ナビダイヤル)

角川文庫 21009

印刷所●株式会社KADOKAWA
製本所●株式会社KADOKAWA

表紙画●和田三造

ISBN978-4-04-400408-8　C0121

角川文庫発刊に際して

角川源義

第二次世界大戦の敗北は、軍事力の敗北であった以上に、私たちの若い文化力の敗退であった。私たちの文化が戦争に対して如何に無力であり、単なるあだ花に過ぎなかったかを、私たちは身を以て体験し痛感した。西洋近代文化の摂取にとって、明治以後八十年の歳月は決して短かすぎたとは言えない。にもかかわらず、近代文化の伝統を確立し、自由な批判と柔軟な良識に富む文化層として自らを形成することに私たちは失敗して来た。そしてこれは、各層への文化の普及滲透を任務とする出版人の責任でもあった。

一九四五年以来、私たちは再び振出しに戻り、第一歩から踏み出すことを余儀なくされた。これは大きな不幸ではあるが、反面、これまでの混沌・未熟・歪曲の中にあった我が国の文化に秩序と確たる基礎を齎らすためには絶好の機会でもある。角川書店は、このような祖国の文化的危機にあたり、微力をも顧みず再建の礎石たるべき抱負と決意とをもって出発したが、ここに創立以来の念願を果すべく角川文庫を発刊する。これまで刊行されたあらゆる全集叢書文庫類の長所と短所とを検討し、古今東西の不朽の典籍を、良心的編集のもとに、廉価に、そして書架にふさわしい美本として、多くのひとびとに提供しようとする。しかし私たちは徒らに百科全書的な知識のジレッタントを作ることを目的とせず、あくまで祖国の文化に秩序と再建への道を示し、この文庫を角川書店の栄ある事業として、今後永久に継続発展せしめ、学芸と教養との殿堂として大成せんことを期したい。多くの読書子の愛情ある忠言と支持とによって、この希望と抱負とを完遂せしめられんことを願う。

一九四九年五月三日